三民叢刊130

人文之旅

葉海煙著

三民書局印行

自序

葉海煙

在臺灣新國民意識（或新台灣意識）正全面凝鑄成形的時候，所有有幸參與此一歷史大業的血肉之軀，是不能不放下一些世俗的包袱或現實的背負，以一起進行底下三層思考：

一、主體思考

二、價值思考

三、人文思考

主體是人，是一個人——一個的理應當家作主的人。因此，思考的活動從思考者自身出發，而思考的路徑卻不能如同拋物線般一去不回，它是大有機會回到思考自身的，而這樣的機會也便是個人自由最重要的資產。

同時，所有的人應都盼望自己能在思考之中不斷地尋找到意義，並不斷地在意義世界之中進行獨立的判斷——判斷善惡、真假、是非與對錯。而這些思考便是供給我們所謂「價值」的泉源。如此，人文的創造才可能在這個具有歷史意義的生活空間裡展開，而其中的每一個人也才可能從共同的生存環境所供應的素材（有些是自然的資源，有些則是人為的創作）之間揀選合適及合理的。事實上，一個國家或社會的建立，自始便不能欠缺這一項基礎的軟體工程。

作為一個知識分子，而且唸了一些哲學理論，也瞭解了一些哲學傳統，同時多少學會了編織概念與構作論證，個人於是在上述三層思考之間不時遊走，也不時傳達出一己身處臺灣社會中的某些感受與關懷。這本小書便是個人在教學與研究之餘，依然運用自己的右手所寫出來的零散篇幅，其中大多無關專業的學術範疇，而滿是應機應時，隨拆隨解的議論。當然，個人的堅持、天真與樂觀隨處可見，而書生之見自古總遭揶揄與奚落，特別是在今天這個權力當道的年代，搖筆桿竟彷彿是與星光、螢火為伍的浪漫閒差。其實，誰又能死心？如果理想永不墜落的話。

書中以「自我」為核心，向生活、文化與社會的各個面向進軍——口氣看似不小，但行文依然謹慎。其中有不少篇幅集中處理與「理性」攸關的教育及文化問題，並多所涉及宗教的視野，而個人的哲學專業也多少帶出較抽象的一些思考，但它們最後總是落向現代生活的磁力場中；至於私衷深深盼望的臺灣文化價值理想以及臺灣意識的渾實內涵，應該可以讓一個埋首書堆並行走講臺之間的教書匠深深地吐口氣說：「總之，我還算是一個人，一個活在臺灣的人。」

在此，個人願向數年來推動我從事文化觀察與評論的兩個朋友：「文訊」編輯總監李瑞騰、總編輯封德屏，表示個人真摯的敬意與謝意。當然，沒有三民書局編輯部諸位先生小姐的幫忙，這本小書是不可能與朋友們見面的。理性或有辛味，然感性總是甘甜的。希望這本小書能在理性與感性之間散發出一點芳香——希望它還算是一本書。

人文之旅 目次

第二部 社會觀察

第三部 文化觀摩

第一部 自我觀賞

——自我是一種認知，一種意識；
更是一種肯定，一種承諾。——

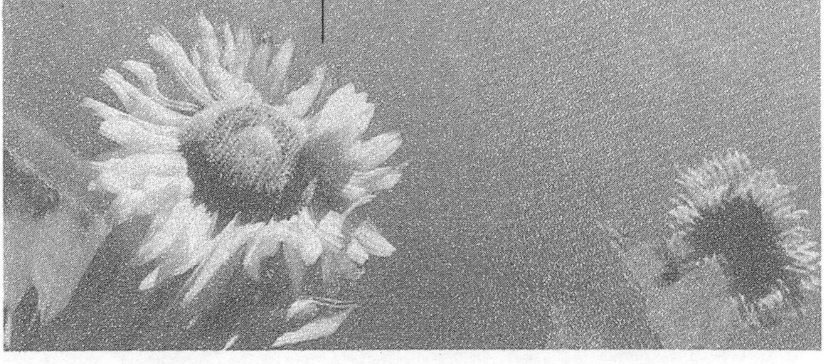

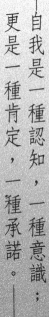

謝師宴

他們異口同聲地說我是才子，說上我的「中國哲學史」乃一大享受。有幾個人甚至跑到我前面說：「老師，我很喜歡上你的課，真的，非常喜歡。」有個學生說以後有空要再來和我談談中國的文化及思想，他說上了我一年的課，他才知道中國文化的偉大，中國文化裡確有許多東西十分的有價值。

主持人一再調侃我，說我是全校最有「勁」的老師，每堂課看著我「香」汗淋漓，他們真有點不忍心。那個代表向我致詞的女孩子被稱作「佳人」，為了和我這個「才子」相配，她輕聲細語地說：「葉老師博聞強記，學貫中西，上他的課真是一大享受。」我相信她是真心真意的，並無半點虛假，但我面對此溢美的恭維，卻一直坐立不安。

這是他們的謝師宴，五十六個即將畢業的同學配上十個老師，場面十分熱鬧。老師中有在家居士，也有出家的神父修女，有中國人也有外國人（一個英國人，一個美國人和一個西班牙人），交談是中西合璧，師生的大團圓頗有現代的氣息。大體上，他們仍能尊師重道，然師生之間多加了一層長幼及朋友的關係，傳統的嚴肅已然被除去。我一再地充當攝影模特兒，一再地被他們戲弄，但始終守著一定的分寸。雖我無法完全熟悉他們，無法一一叫出他們的名字，然我心中已有一個大肯定：我是他們的老師，他們是我的學生。這個大肯定乃在現實的教育制度之外，從高遠處直接照亮了我們的心。

今晚的我顯得比講臺上的我更愛開玩笑，屢次逗得在座的年輕人大笑不已。我說能教到他們是我的榮幸，也是他們的榮幸。我一再地回想：當我一走上講臺，眼前便有五十多盞燈亮得我不太敢逼視，所以拚盡全力講課，就是為了儘量壓抑內心的緊張，而每當我一走下講臺，便每每懊惱自己的板書如天書，害得臺下的人猛猜字謎。多年前在臺北某夜校教書，我認識一個看來像是工友的老先生，沒課的時候常在辦公室的一角喝酒，他出身上海聖約翰大學，已教了四十年的英文。平常看他一副嗜酒如命的樣子，但一講起課來可是眉飛色動，生龍活虎。我旁聽過他的一節文法課，不帶課本，講來條理井然，例句源源而出，手舞足蹈如演武生，面部的表情豐富無比，誇張之處令人發噱。他曾對我說：「教書的最高境界是：講臺上的人像是瘋子，而講臺下的人都成了呆子。」這種單人秀並不易成功，而他做到了；教了九年書的我，火候未到，雖然心嚮往之，嚮往春風化雨「潤物細無聲」的化境。

我祝福他們，並希望他們能夠保有一些最根本的生活理念，我這一年的汗水和口沫就沒有白費。他們的英語說來呱呱叫，我佩服他們，但我希望他們要永遠保有一份對中文的尊重，雖然將來可能不常使用它。賣瓜的說瓜甜，我於是來個中國哲學的點將錄：我們要學孔子那般的正經，那般的正視人生，當然不必到「割不正不食」的地步。我們要效法孟子，飛揚的生命氣魄，他那種義無反顧的道德勇氣值得我們一生委之，可是那似利矢的辯才及毫不留情的痛斥極詆，就不能任意模倣了。我們還要有點老子的智慧，有他那一種高深莫測的本事，因世上仍有邪惡，我們仍隨處有受傷害的可能。當然，學老子不是學詭道，也不是學鬼道，我們須時刻保住人的身分——這是我們最起碼的本錢。至於莊子更值得我們親近，他那瀟灑豪放、解脫自在的精神更值得我們全心涵養，但若只是學習一點肖似的形跡，便將可能大錯特錯。此外，韓非子的謹慎、嚴厲及守規矩循制度的態度也是我們該學的，公孫龍面對思想的認真則往往為我們所疏忽，如今我們正有許多彌補的機會。最後，我講了兩個禪的故事，希望他們隨時看管好自己的一顆心，使心在明照之餘又能了無分別，以培養出廣大包容的心胸。每一個時刻都是最好的時刻，每一個地方都是最美的地方，而每一個人都可能是我們的最好的朋友，原來人生許多不如意的事情都是個人自招自惹的。

其實，每一個老師都是才子。在此，我願意把學生送我的這頂高帽子轉送給世上所有吃粉筆灰的朋友，他們都有資格戴上這頂帽子，當然他們極可能把這頂帽子珍藏在家裡。驪歌輕唱，鳳凰怒放，我和他們一一握手道別，我看著他們五十多雙年輕有勁的腳走上了二樓，到午夜還有三個小時，偌大的舞池正等著他們，我叮囑他們千萬小心，別像六年前我那個「舞棍」學生，在一夜之間竟把腳給跳斷了（其實是舞罷之後下樓時摔斷的）。當我走出大飯店的自動門後，終於悄悄地對自己說了一句：「還好，我並沒有誤人子弟。」我知道此刻我已身在他們搖曳的舞影下了。

一九九五、十、四

後記：這是十年前的一篇舊作。那個時候，筆者剛開始教哲學，而且教得相當愉快。如今回想，當時的我竟是那麼地孤芳自賞，那麼地樂觀自如，其中的緣由十分明白：當時的我幾乎是百分之百的樂觀主義者。

唸書之外

大文豪林語堂當年在哈佛唸書的時候，曾說整個哈佛大學對他來講，其實就只是一座衛德諾（Widener）圖書館。這似乎言過其實，但卻有幾分道理。我們的大文豪還說他幾乎天天流連於如迷宮般的書庫中，往往一天下來就得走上幾英哩的路，這話可就一點也不誇大了。衛德諾規模之大以及內容之豐富，確實值得每一個對人類文明與知識有足夠興趣的人一探究竟。

自一九九四年抵哈佛作「訪問」、還頭頂「學者」之銜以來，我便不斷地在三個圖書館間進出：除衛德諾之外，另外兩個是燕京和哲學系的Robbins Library。我於是設法運用這三個圖書館所各具的特色，並盡力地利用其中的蘊藏。在閱讀與思考之間，我發現自己竟置身在東西文化交錯的流動的空間裡，難免有了一些錯愕與困惑，而這恰巧提供了一個較寬廣的視野（是在臺灣很難碰上的）；同時，我也對美利堅這個「文化強權」（至少對臺灣來說）是否可能對一介文弱書生產生巨大的身心震撼與壓力，進行了一番試驗。

唸書之外，我在北國乾冷的空氣中以一種較富美感的生活韻律將一副身軀輕輕地放在飛鳥與落葉之間，那一顆不怎麼安定的心便總是追逐著我的腳步——它們往往在哈佛園中趕場。其實，我不是信徒，此地也沒有足以教人下跪的廟堂。不過，在各種演講會、討論會之中，我總算明白對話是怎麼回事，而溝通的真諦也不再只是一種手勢或身段，至少對我這個好為人師的傢伙來說，課堂已有了一種新的風味。那位口若懸河的年輕教授確實已經在四、五百個年輕人面前，將Memorial Hall裡的舞臺效果發揮得淋漓盡致，而那些moral reasoning的課程也絕不是臺灣所謂的「三四教授」（「三」是三民主義，「四」是四書）所能夢想得到的。雖然自己搞了一點「人學」，卻總是落入概念的形式與理論的結構所不斷糾纏的困境中，而此地開放的人文氣息及多元的文化衝擊，是已多少豁顯了屬人的真實而具體的向度——其中，人的尊嚴被高高地舉起，人的生命被深深地開挖。當然，在自我反思之際，我仍不免被專業與通識、學問與人格及事實與意義的對反命題所牽引。那排山倒海而來的當代文明（特別是其中令人眼花的文化論與價值觀）豈止是暗夜汪洋中的波濤？也許，是根本不用擔心「人」究竟是哪一種意義的「實體」（Entity），我們該投入熱血與真情的是：如果我們真的是一個人、也仍將繼續是一個人的話，我們到底該做什麼？也許，這一座富可敵國的學府已對我們亮起了綠燈。

唸書之外，我在此地做了兩場佛學演講，這機緣甚巧，而我這個修行不力的進香客倒因此見識到海外華人（特別是一些滯留不歸的知識分子）是如何地在安頓自己的身家性命。他們作為一種範例，確實值得尊敬，也值得喝彩。不過，我同時切身感受到花果飄零的況味，而根究竟何在？雖然，我以這麼一句「到處不住到處住，處處無家處處家」與他們一起思考人生的歸宿，但我眼前卻也同時浮現那一塊形似蕃薯的小島（其實它不小），以及那一方不再像秋海棠葉的土地。人世無常，生命多難，而我們在高呼「後現代」的世紀交替之中，又到底能為小小的自我再造如何的光景？哲學家定義「意識」（Consciousness）為「自我認知」（Self-knowledge），於是他們深入其中，去進行各種的探索、或是什麼「超越」的工作；但我們仍然滿腹狐疑：一世匆忙，所為何來？而一心糾結似繭，又如何能解？麻省理工學院的李政鋒博士在介紹他所從事的「虛擬環境」（Virtual Environment）系統研究時，竟以《金剛經》「一切有為法，如夢幻泡影，如露亦如電，應作如是觀。」作結，不知這是洩露天機的底牌？或是如假包換的戲言？其中禪味，實堪咀嚼。哎！不可說，不可說。

唸書之外，我也努力地不使這一段休假成為空白。去年杜維明教授見到我來，劈頭便說：「在哈佛當visiting scholar，其實非常flexible。」意思是我在此地將享有充分的自由——這個國度和這個學府所共有的最珍貴的東西。而自由看似禮物，卻也是一種鞭策，一種來自生命最內裡的音聲；或許是此地少噪音，因此我的聽覺似乎比以前靈敏些。如今，冬盡春來，平生第一次經歷如此分明的四季，所謂「歲月」便不再只是農民曆裡的老舊的用語，三月十七日的大清早，一記春雷不僅讓我家的電路突然中斷，更讓我明白「驚蟄」是怎麼一回事。如此守信的天候，以及如此多彩的景致，確實讓我這個還算忙碌（至少忙著上課、翻書和寫作）的假期在Cambridge和Waltham之間舒適地悠游著，這是自由的果，也是大自然的一點意思。此刻，落地窗前的Hardy Pond正有野雁依稀飛起。

自由是無限的思考空間。一年不算長，但已是滿滿一輪。其實，就生命自身而言，並無所謂的開始或結束、中心或邊陲。算來我在此地已快過了整整一輪，不久便將回到熟悉的人群，那又將是一次令人心驚的經驗。

一九九五、三、二十一寫於麻州

設計生命

人類的設計天才如今已發揮得淋漓盡致，在各種人造的空間裡，處處可見精心設計的傑作。龐大的資本社會由富有設計心思的管理人才控制，詭譎的政治生態則由一批官僚（或謂「政治菁英」）運用各種統治技術加以維持。有時，設計一個小家庭，竟也是十分艱鉅的工程。

最根本的設計該算是對生命自身的設計。所謂的「生涯計劃」，便隱藏著設計的最後的意圖，雖生活並不等同於生命。有人確是以應付作業的心態面對生活，而欲以呼風喚雨的魔力君臨自家生命，其間的弔詭於是衍生現代症候群。其實，就生命內涵之無限及其歷程之無窮，似非吾人之設計理性所能掌握。再高明的設計天才也可能屢屢迷惑於生命之奧妙，並因其中之奇險而惶恐不已。瞭解自我不必然能處置自我，而處置了自我又是否即自我作主？也許，在生命的王國裡，並沒有所謂的成敗，英雄的大夢是該醒醒。

是不必預設這樣的命題：設計與生命絕緣。許多人生的材料大可經由理智的加工，再加情感的佐料而變得可口。那個忿然作色而笑說「有機械者必有機事，有機事者必有機心，機心存於胸中，則純白不備。」的灌園老丈未免太緊張太膽怯了。一些保守分子難以適應現代社會，只因他們太小看生命了。不過，預見科技文明的後遺症——狃於機械，導致思想僵固，以至於作繭自縛——實乃創造性的想像，它與科學本是同根生，令人遺憾的是生命的花果總飄零。

生命的藍圖並非一般的筆劃連接，生命的結構亦無一定的網路交通，雖然我們必須活在可以依循的軌道之間。機械不一定是有形的，機心也不一定等同於理性的設計。為了應付生命以外的世界，許多技術必須講究。但是在嫻習一種本領的同時，洞知自我的無知與無能，早有古訓在耳，何況界定生命的裡外，很可能是一種愚蠢的舉動。在「精神生命」尚有待探索與開發的時候，我們是不可輕言放棄諸多生意——文學藝術的創造，哲學智慧的合參及道德宗教的考驗，雖然這些生意不好做，還好，我們的本錢雄厚，一時的虧損可以不在乎。

我們不必也不能反對科學的邏輯，同理，我們不必也不能丟棄人文的邏輯。科學自是人文，人文自有科學。雖然這樣的事情極有可能發生在我們的周遭：一個電腦的玩家鎮日在終端機前大顯神通，卻一個不小心，竟在一個美麗的女子面前呆若木雞，此時，那一大套程式設計於心旌飄揚之際，根本派不上用場。

飛越現實的想像可以大開生命的天窗，讓我們呼吸一點新鮮空氣，而它並不必然會破壞生命的組織。種種人造環境讓我們的一生有了坎坷，誰不是命運多乖？生命的歷程非供攀爬之用，縱然生命境界的高低起伏有時是主觀的假象，我們何苦摒棄想飛的念頭？

經營生命確有靈動的變數在，而此一變數可不是歸納或統計所能如數知悉。有人妄圖以某種公式或定理為準則，或想光憑一種客觀性加上一套因果論證，來為生命下一簡明的注腳，他的失敗似乎早就注定，而可能釀致的人間慘劇，更非吾人所能預見，古來少數高踞政治體制峰頂的獨夫已為我們提供觸目驚心的殷鑑。

人類學家警告我們：大自然並無能幫助人類推衍其道德法則。進化論有其一定的真理，但轉到人文世界的進化主義就是鉅大的錯誤了。除了鍛鍊科學的方法及精神之外，我們更需要一種對人性的尊重及對人文的關懷，而此尊重與關懷的情操每每由洞察人間苦難的想像力及同情心掛帥。想像力使人們自由出入於各種人生境界，同情心使人們集結無數自我以成全獨一無二之自我。想像力可以擴大同情心的效益，同情心使想像力不致於變成心魔的工具，兩者大可互相標榜，彼此提攜。

肯定生命大有必要，運用生命的自由乃終身事業。密爾（John Stuart Mill）從三個領域論自由：第一，良心及思想的自由；第二，趣味和志趣的自由；第三，個人之間相互聯合的自由。這三種自由開拓了生命多重的境界：良心的自由保證道德的價值永遠鮮活，思想的自由使知識以迄智慧的管道永保暢通，趣味和志趣的自由（才情的自由）乃文學藝術的保姆，而人與人之間的各項自由則是社會進步的原動力。

由此可見，生命的自由是生命設計的大前提。有真自由才有真生命，而自由的內涵沒有了生命的真實成分，便非真自由。反自由的種種設計已然反理性，以理性反理性，是當代的特殊景象。有人先殺了自己的思想，下一步，很可能就是自絕於自己的生命——所謂的「自殺」，其實與「不自由，毋寧死」的心情有所牽連，只是我們想問：為什麼他們不肯善用生命的自由？為什麼他們自願放棄此生而擲下永遠不知其數的骰子？

生命的前景畢竟是光明的，佛之「放光般若」值得參究。生命的光中有真有善有美，而「真」自有其角度，「善」自有其程度，「美」自有其向度，生命則自有無限包容的大度與無可揣測的深度。角度須不斷調整，程度須不斷提升，向度須不斷開放，而生命則須不斷疏理不斷擴展。如果我們立意建構「生命形上學」，那將不再是抽象的玄思，而是可以一再詮釋、一再經營的智慧。如果我們還想當英雄，那就做一個生活的英雄，永保對生命的敬意，而如果還有所謂的「成功」，那必是生命自賜的榮寵。

現代人的生機往往變成死亡的引信，有時活路竟被踐踏成死路，而自由乍現光影，卻有重重危機。也許我們該暫時放下設計的心思，以一點無為的寂靜撫平擾擾腦細胞，讓一顆心多少獲得解放。沒有腳的蛇何必羨慕風？而風又何必羨慕那一顆難以捉摸的心？有心無心，無心有心，有無之間，何必設計？當我們獨立蒼茫，仰觀太虛，一線在握，任心箏鼓風直上，那編竹糊紙的苦差就有代價了。

人文與心理

國內心理學的科學走向相當的顯著，這在一個心理研究仍滯於開發階段的地區，應屬正常現象。面對紛飛的心理現象，心理學以凝定的手法在心的廣袤中尋求具徵驗性的資料，供給理性批判之需，其貢獻是直接而貼切的。對於活動中的個人及群體，心的把捉需費相當的心思及訓練有素且持恆的注意力。因此，科學的方法確是個身手矯捷的捕快，在心的歧途異路之間。

不過，由於方法的過度運用，特別是統計方法已成心理研究者手中的一把快刀，一顆顆完好的心往往在被對象化之後淪為數字的玩物。常見心理學家自我設限，一味暴呈心理的表層現象，至於深廣的心理內涵，卻有一大部分被丟落在客觀化的學術語言之外。心理學家可以不必對主體的人負完全之責，但若在分析之餘，未能續作人文的深度的綜合，或竟以為吾人心理可以完全具象化，心理內涵可以完全被平面攤開，其他的人文進路可以為心理研究完全取代，如此狂妄作風極可能演成學術之禍，人性也就難免貶謫之辱。

如果心理也算是思想之映照，則它應有相當大的部分落在歷史的軌道中。個人的歷史是營造個人心理結構的工程，而群族文化與社會環境是助成各種心理狀態的重要因素。如此看來，心理的研究終究是人文的研究。對於自然與人文的分野，心理學家應善於明辨。於曲折心路尋幽訪勝的歷程中，若一味固執採自自然科學的方法，而盲目侵入人文領域，將本該置身於歷史之中的個人與群體硬拉到眼前此際，使一顆心形同一隻待宰的青蛙，切斷了與其生存環境的親密關係，兀自掙扎於顯微鏡下，那就是知識的過失了。

統計利刃之於人心——包括理性與非理性，其殺傷力是不能不提防的。歷史哲學家柯林烏（R. G. Collingwood）在其《歷史的理念》一書中說：「統計研究對於歷史家而言，是一個好僕役，卻是一個壞主人。統計推論對他並沒有好處，除非是藉此方法以探知事實背後的思想。今天，歷史思想幾乎都在設法使其自身從實證主義的錯誤圈套中解放出來，而且也漸漸體認到：本質上，歷史就是過去的思想在歷史家心中的重演。」如此深刻的省思同樣適用於心理學及心理學家。心理學家對心理事實背後的思想以及心理寶庫所貯存的理性成素，是不能置之不顧的。對於心理的非理性成分，屬自然科學的生理學可幫心理學家的大忙；但對於心理的理性成分及超理性成分，心理學家就得求助於哲學甚至宗教了。以科學對付非理性，以人文薰習理性，並進一步以理性轉化非理性，則再頑劣的心也可被馴服。

在此，我們似乎可以模仿柯林烏的說法，下這樣的界說：「心理學就是吾人一貫思想過程在心理學家心中的重演。」在心心交映之際，心理學家自我的省思與檢查，是比汲汲於觀察與統計要重要得多。統計方法終究只是個方法，絕不是真理的代言人。有著深厚人文傳統的我們當熱切盼望國內也能出現如同羅洛梅（Rollo May）那般傑出的人文心理學家（Humanistic Psychologist），把歷史和時代的線索交織於個人最內在的心靈，注重人心更強調人性的價值，談文學藝術也辨明哲學的形上思維。

豐富的人文之旅

一九七八年當三十九歲的文學教授賈瑪迪（A. B. Giamatti）就任耶魯大學第十九任校長時，許多人都感到意外。但短短三年之內，賈瑪迪不僅解決了耶魯大學的財政問題，更使這所古老大學成為培養通才的模範學府，他為新生開設了「密集寫作課程」，培養學生的寫作能力，並規定必修一種外語才准畢業，加重了學生的課業壓力。賈瑪迪有崇高的教育理念，他說：「我並不重視一個學生是否能成為技術專家或職業專家，我希望他獲得一種信念，懂得為學問而做學問，我希望他獲得一種能力，不管面臨什麼問題都能夠分析研判，能夠主動思考，能夠清晰地表達他的思考結果。」

一所語文學校的成立宗旨即是為了訓練學生的語文能力，以清晰地表達他的思考結果；而當他們能以兩種以上的語文傳達各有意趣的思想內容時，則語文的功用就不僅止於實用範疇了。賈瑪迪的通才教育理想也應可適用於專科學校，一個專才同時要具備通才的襟懷與見識，要有主動思考以解決問題的能力。而語文的專才除了善巧的語文能力外，更須熟諳一種語文的文化背景，以及護持該一語文的古典著作，這便是極為深厚的人文素養了。

在我們的校園裡，有傳統與當代交接的軌跡，有保守與進取互別苗頭的場合，也有清冷心靈與熱烈身手互相擦撞的事件。一大堆拼音文字等著大家嚼食，一大套業已成型的知識需要大家大開胃口，還有一大群不同的個體以或快或慢的速度彼此接近，多少驚嘆號就在跳躍的身影下曳光飛馳。然而，在我們的校園裡，若語文流為雜碎散亂的符號，若知識如石礫般任人隨揀隨拋，若人情的交流僅止於眼前此刻，則我們面對巍巍黌宮以及矗立其上的神聖的標誌，就將難以引頸企盼，甚而羞紅一張細緻的臉。

人格成熟度最好的判準在獨立的思考力，而獨立思考力很容易由語文的使用狀況加以鑑定。因此，當我們努力詮釋語文的意義時，應能即時返照自己的心與腦。我們不必追求所謂的「聰明」，也不必在意個人享用的自由的數量足夠不足夠，但我們可別忘了培養打破愚痴的本事，並學習自我控制的方法。瑞士的高中畢業生被要求須達到「大專的成熟」（Hochschulreife），這項成熟由思想導引，而終於人格的成熟。我們是已有了良好架構的課程設計，我們的通識教育課程並不匱乏，問題在：如何在靜態的黑板與課桌椅之間，灌注以活潑潑的人的氣息？而我們的知識管道又該如何銜接千百種生活圈子以化除各種成長的障礙？

《禮記・學記》詳述古人求學的次第：「一年視離經辨志，三年視敬業樂群，五年視博習親師，七年視論學取友，謂之小成；九年知類通達，強立而不反，謂之大成。」這些傳統的教育見解仍值得我們參考。以十四年的學習，縱不能達到大成的境地，至少得有小成的功力。我們試問問自己：我的句讀技巧如何？我是否已確立了五年甚至十年的學習方針？我是否專心向學？是否因群體生活而提升了生活的樂趣？我的學習範圍是否過於狹窄？我是否真心親近師長而無不當之奢求？在學問的領域，我是否已有自己的見解？而於同窗共硯之際，是否有了互放光亮的心靈的試驗？

該慶幸我們有一個通情達理的大家長，以及各守本分的擎燈人，我們走在光中，應在感激之餘，努力掃除身後的黑暗。我們有的是時間，但如何使自己擁有光燦燦的歷史，則非澆灑淋漓的心血不可。在這一小塊土地上，我們大可耕心為田，在語文的世界洞見人性的廣袤與深邃。讓我們永遠記住艾略特（T. S. Eliot）的三問：

Where is the life we have lost in living?
我們在生活中失落的生命，於今安在？
Where is the wisdom we have lost in knowledge?
我們在知識中失落的智慧，於今安在？

Where is the knowledge we have lost in information?

我們在資訊中失落的知識，於今安在？

也許，我們的生命正和生活廝磨，我們的智慧仍以知識為食，而我們的知識依然在資訊中打滾。但我們必須緊緊守住牧草繁生處，如初生之犢。讓我們以文藻澡身，以清暢的思慮洗心，以深切的盼望栓住飛散的念頭，則在我們離開這座象牙塔後，將不僅能憶起它的清靜與和樂，更將發現它的莊嚴與輝煌，那麼，走這一遭，就是豐富之旅了。

後記：本文是筆者為臺灣唯一的外語專科學校——文藻外語專校而寫的。筆者曾在該校任教六年，那是一段十分令人懷念的美好時光。

登上人性高峰

有個故事說，德行
住在難攀登的高山
由純潔女神們掩護
凡人眼睛看不見
除非從心底流出血汗
才能登上這人性高峰
——雅典・西摩尼得斯・〈德行〉

做人難，難在人有血肉之軀，卻想羽化成仙，或作神佛；難在人有生理本能，卻想魂識高飛自由自在；更難在人生器物之間，卻想旋天轉地創造美善世界。

不過，做人其實不難，因為血肉之軀並不等於臭皮囊。如果我們能善加照料，而生理本能並不一定引人墜落，如果我們能嚴加看管；至於大塊文章則處處寶藏，光彩奪目，如果我們不甘心作奴隸的話。

任誰都厭倦於匍匐在地，只作一個「單向度的人」。因此，天地之間，人生最貴。中國古人說：「人得天地之中以生」，人就貴在不甘作賤，不甘庸俗，不甘於空虛與枯澀。於是，從雙腳直立開始，人們的目光便一逕向前向上，試圖在浩瀚的宇宙中尋找燦爛的生命焦點；人所以不斷追溯心靈的長河，為的便是能夠常飲價值之泉。如此，人乃深造有得，有得即有德。原來「道德」不是上天的賞賜，而是人自己掙得的福份。

「高高山頂坐，深深海底行。」人生有其高度與深度，因此生活有了難度。站在世間的高處，不僅足以使眾人引頸仰望，更可獨自俯視一切，以慈祥和藹的眼神。看來，在瑣屑卑微甚至蕪雜不堪的生命內容之中，一個彬彬君子是不能不有精神的潔癖，卻萬萬不可有懼高症。或許，生命的純度非經淬煉不可，而已經淨化美化的人生難免幽隱不顯，除非我們長了道眼與慧眼。

多少座右銘被緊緊貼在粉白牆上，卻怎麼也掩飾不了心靈的蒼白；多少人踽踽獨行於生命的荒原，而一直沒有機會暢飲意義的膏乳。因此，打拚不是技術的操演，也不是一再重覆的反射動作，而是自知自覺自動自發的付出與奉獻。將血汗摻入人性，那麼人生涯岸的攀登就可成為人性高峰的昇騰，夢境與理境原來不二，雅俗聖凡之間，又何必劃界設限呢？

西元前六世紀，雅典宮廷詩人西摩尼得斯，運用簡潔的字句讚頌德行，兩千五百年後的今天，我們身處塵囂之中，依然可見靜如處子的女神們面向我們，手裡正拈著鮮花，就等我們會心一笑。只是，這一種等待實在累人，不是彼此之間的通訊有了阻障，而是我們睡眼惺忪，光影迷離。清醒是為了安睡，而熟眠之前，人心絕不能自我虧空或自尋苦惱。究竟，道德令人清醒，罪惡教人驚醒，善惡之際，我們的抉擇與行動絕不可大意，縱然拘謹大可不必。

信言不美，古老的言語少了美麗的妝點。在此，我們不必計較營養師的長相；或許，我們都該是高山族，因為困在平地的日子早已令人生厭。

文學之鑰

情愛掙扎——柏楊小說論析

李瑞騰教授新作《情愛掙扎——柏楊小說論析》如作者自謂，是對柏楊文學的整體觀察，再通過嚴謹的整合性分析，所完成的第一本完整的論析柏楊小說之作。它讓世人在非文學的柏楊之外首度得以窺「文學柏楊」的堂奧。

小說的主題是情愛，論析的焦點也是情愛，一是創作，一是包含欣賞、理解與相知相惜的忘年交誼，全然不落俗套，不瞎捧也不無端起哄，柏楊與李瑞騰如此通過文字之緣的心靈盛宴，實值得讀者細細品味。

經歷生命之風霜，情愛在掙扎，而理想更受煎熬。柏楊的情愛是生命的顯豁，是心靈徹底的結晶。這已不止是兒女私情，甚至是人類社會中永遠湧動的一股悲情，它夾雜著理性與超乎理性的各種心理因素，已然超越一般之現實困境，同時也截斷了種種偏見，並剷除了怨與恨的根首。

男女情愛之外，柏楊小說的主題同時探求死亡與鬼魂的問題，而生死之際依然擺脫不斷人間至性至親的真愛。

李瑞騰以〈龍眼粥〉與〈強水街〉兩個短篇為例，剖析柏楊的生死觀，他對此一人生終極的重大課題不再以文評家的思路去作處理，而具體呈顯了柏楊在小說中所按下的一連串的問號：「人既已生，為什麼又要死？既已彼此相愛，為什麼又要被死亡硬生生的拆散，而造成綿綿無絕期的恨？為什麼？誰來回答？」這是自古以來所有文豪留下的共同的問題，文學不提供答案，文學的可貴之處就在此。

眾所周知，柏楊其人歷經政治黑暗之迫害，並且硬挺地從冷冷的地牢昂首闊步出來。因此由「文如其人」的思考角度看來，柏楊小說自然表現出他對社會現實的關心，並隱藏如利刃般的批判，也同時突顯了悲劇與衝突的意義。

李瑞騰肯定柏楊在作品中的社會意識與悲劇色調，應是一語中的。在《掙扎》、《兇手》、《怒航》等書中，我們確可以察覺人間悲劇的成因，悲劇源自衝突，悲劇也與難測難遣的愛情息息相關。

在此，柏楊對悲劇所下的定義：「人生最大的悲劇莫過於生活陷於絕境和生命陷於絕望。」

以及李瑞騰的一項結論：「作者顯然沒有一個特定的愛情觀點，但他集中力量在各類愛情事件的分析，這是他的人生觀照，他說過，宇宙間最奧秘難測的莫過於人生，而人生中最惆悵難遣的莫過於愛情，難測難遣的愛情，應是柏楊小說的人生觀照最重要的一部分了。」兩位的這番說辭正可以彼此映照，而讓讀者通過他們的知性之光，在情節交錯的柏楊小說中尋找純屬文學的趣味。

李瑞騰最嚴厲的針砭指向柏楊小說中的一群大陸人，他們反襯了一個悲涼的時代——一個瀰漫著失敗主義的時代，李瑞騰說他們「似乎已被命定是個挫敗者」。

這話是怎麼也喚不醒當年那些沈迷於十里洋場的公子哥兒，但卻大可拿來和當今依舊患有懷鄉症的人好好商量。

當然，小說世界絕不等於現實世界，文學的評論並不能被當作是歷史家的定論。

看來這本書不止是一把具有特定功能的文學之鑰，它不僅能幫助我們進入一個特定作家的文學世界與心靈天地，而且也具體地展現了多重的文學觀與人生觀。

一九九四、十、二十六

有緣有份

緣份緣份，有緣有份，如此顧名思義，還真有幾分趣味。

「緣」是外緣，是所謂的「條件」，但這條件可不是供人算計或較量高低的。緣也往往是一種機會，只是我們的反應仍不夠敏捷，而因此經常錯失了它。緣來去無蹤，不可思議，它隱藏在生活的裡層，似乎隨時都可能爆裂開來。它也彷彿是遠處的燈火，似真如幻般地守著我們，並不斷地在那一雙雙清澈的瞳孔中閃爍無盡的希望。

「份」是本份，是義務，也是權利。它不是別人強加在我們身上的，而是一個人自覺自發的生命擔當。人人有份，則是平等的利益共享，成本分攤。雖然世間事往往不平又不均，但我們總有擔子要挑，包袱要背，這是怨不得誰的。其實，人間尚有公道在，生命也自有活路，如那小草微不足道，卻也緊緊抓住大地，緊緊吸吮著天然的滋潤。

我一直記得這一副對聯：「父子原是債，欠債還債，有債方來；夫妻本夙緣，善緣惡緣，無緣不聚。」看來人生確有幾分無奈，許多既成的事實確是令人灰心喪氣。古人不是說「父子有親」、「夫妻相敬」嗎？怎還會有如此殘酷又不能不面對的現實呢？其實，這副對聯並不算誇大。君不見天下多少家庭因財而聚，也因財而散；多少人受苦受罪，竟全是為了孩子們將來的幸福——說白一點，就是要讓下一代多享受一點人生；而世上一些父母與子女之間的金錢往來，甚至有討價還價的場面出現，這難道不是民法債權債物篇的具體寫照嗎？

我有一個朋友一家人合開公司，生產運銷樣樣自己來，生意越做越大。但前幾年卻因臺灣整體經濟的外緣起了重大的變化，公司的營運竟在短短一兩年內跌入谷底，無以為繼。於是大難來時各自飛，有人出國避債，有人易幟改行。從此那一大家子的緣散了，而那公司也不再有股有份了。這是商業社會流水般的宴席有時盡，也正是無可逆料的人生際遇時吉時凶誰作得了主？

當然，惜緣守分是最佳的人生典範。那些白頭偕老的男男女女是享盡了一生善緣，而時常惡口惡言相向的姻緣通常短命早夭，這彷彿是條人間鐵律。緣生緣滅，生滅之間有時快得讓人措手不及。最近讀到一篇文章，是一個小女孩寫給她爸爸的一封信，題目是「爸爸，你在那裡？」這樣的哭喊實在令人心碎：「你說，你已經又結婚了，不讓我去找你，也不讓我們問你住在那裡。我醒悟了，你再也不會與我們團聚，我的夢徹底破碎了。……你在那裡？

我親愛的爸爸！」原來佛經喻家如「火宅」，是有幾分道理。而那牽手同行、燈下笑語的時光竟是那麼短暫！那麼容易流失！

再以臺灣島上兩千一百萬人為例。大家數十年來拼死拼活，為的是共同經營這塊不算大的土地。這是大家共享的緣，是共業，也是共命。果然寶島真正是寶，我們這一段緣確是可以永續共存的，儘管謠言滿天飛，又時有不懷善意的信息對準她而來。我們更相信在這塊土地上人人有份，不容某些人獨佔利益或肆行破壞。可以說，兩千一百萬人的組合正是一段殊勝因緣，難能可貴。

緣有親有疏，份有輕有重。但無論如何，世上每一個人既然已經在因緣的大網中活了下來，單單「人」這個身分就讓我們對這個世界的現在及未來不能不負起一定的責任。緣聚緣散，看似偶然，而一句「隨緣」，說得輕鬆自在。也許人生的趣味就在這裡，不少人也因此有了浪漫的心情。不過，隨緣不變，不變隨緣，人生還是有許多東西是不能用了就扔的，我們是必須正視生活中一些不斷反覆的課題。

此刻，我人在哈佛。這一年，我會有許多新的緣，甚至是鮮活無比的緣——它們極可能都是此生中僅有的一次，賞楓、滑雪都是頭一遭，某位教授的某堂課也可能是場無比珍貴的心靈盛宴，而且永不再對我擺設。而更有意思的是在此地，我對自己這一生有了更深一層的覺悟——覺悟自己從那裡來，也終必回到那裡去。這樣的緣份一直教人心喜，也教人心驚。

一九九五、三於美國麻州

靜悄悄的革命

煩囂吵雜是工商社會的特色之一。老祖宗聽風雷之聲，有助於他們的靈明之思，藉以獲得自然的信息；如今，我們日日遭高分貝的噪音侵擾，耳根乃被挫鈍，是再也難以進入「大音希聲」的妙諦之中。

觀世音菩薩尋聲救苦，聲音對祂已不再是感官的刺激，而是慈悲的鎖鑰。猶太先知獨自走入沙漠，遠離塵囂，便是為了在寂靜之中諦聽另一種莊嚴偉大的聲音——上帝的召喚。不少宗教感特強的人物不斷鍛鍊聽的能力，練就「聽之以心」的本事，他們在億量的音訊中，終能發現那最富意義也最為奧妙的波動。或許由於天人熱中於音樂，導致天國予我們最大的震撼並非其莊嚴形色，而是那無所不在、似真如幻的音符跳躍，一一流入我們久旱的心田。聲音本具的抽象性、純粹性，使它比其他物能更易與精神結緣。耶穌之宣道，釋迦之作獅子吼，禪師之棒喝，原來異曲同工，都是善於駕馭聲音的高手，他們也都明白聲音和靜默之間有著不一不異的關係，值得細細追尋。

聲音可大別為兩類：自然的和人為的。自然的聲音在這冷卻已久的星球上已少有驚人之作，除了零星的火山爆發所製造的奇突效果。在我們居住的周遭，大自然在大多時候都善保沈默，如一不語的老者，文人於是逍遙其中，玩味來自空中地上的長波與短波。杜甫詠夜雨「潤物細無聲」；李清照的寂寞伴著水珠兒「到黃昏，點點滴滴」；而「階前梧桐已秋聲」則令人驚覺歲月的腳步蹀躞，揚長遠去，深諳佛理的蘇東坡則能超然象外，有偈云：「溪聲盡是廣長舌」，應非文字上的比擬而已。

至於人為的聲音，則以語言及人造機械的聲音為大宗。語言除聲音之外，尚有甚深意涵。只要調節我們的發聲機能，並關照接納的一方，善體其忍受與理解之限度，則語言將都是悅耳動聽的。「吵死人了！」只是誇張之詞，如果我們尊重一切活人的話。不過，今人使用語言往往不知節制，或傾巢而出，或滔滔流下；或言不及義，或詭譎多變。一個靠嘴巴吃飯的人一天所說的話，其數量可能抵得上從前一個山林隱者一年甚至數年所吐露的，而目前這樣的人有越來越多的趨勢。甚至有人迷信語言，以為語言比行動更有力，進而鄙視一些木訥寡言的篤行者。

機械的聲音並不一定有害我們的聽覺，有些機械能發出美妙的音樂，如某些特製的鐘錶，這樣的匠心著實可愛。然而，許多龐然的鋼身鐵骨一運轉起來，比野獸怒吼更悚人心魂。滿街奔馳的車輛，一個個暴跳如雷，擾磁力場成暴力場，再加刺耳的喇叭聲，怕隱於市的大隱士也得捲鋪蓋遁入深山。機械聲單調平板，似乎不斷在譏刺我們的想像力；它們不知疲倦的蠻勁，任誰也得退避三舍。若將來有人發明無聲的機器，或設法消除一切機器之嘶叫，那麼操縱機器的人才可能重拾尊嚴。電腦如閨婦輕柔細語，但若集合數百部電腦，一齊飛快按鍵，此起彼落的滴答之聲永不變調，聽久了，可能某些人的神經質又要發作。

我們不可能活在寂然杳然的天地。喪失六根之一，失落六塵之一，都是一種缺憾，如果我們尚未能超離此世的話。磨利耳根，才能打破語言歧異所造成的障礙，若因耳聰而善於知言，思路當較能通達。再讓我們設想：聲音若不再只是一種刺激，而能以心直觀之，瞬間包羅一切之訊息，不需神經系統苦苦傳送並辨認，則聲音就是透明之物，我們置身其中，千萬毛細孔恍如耳孔，到處流動的將都是靈明之光。這是神話，至少目前仍是。但若人無限度的進化，一切超高或超低頻率的聲音將難逃個個順風之耳。當然我們最大的期望是人人心心映照，在彼此完全理解的語言大力支援下。

就目前的情況，在耳根已有不少危險環伺之下，我們亟需以沈默療傷，把沈默當作溶液，來化解噪音，消除不當言語之災禍。我們該學學詩人以自然音聲為師，去瞭解去感受各種聲音慰撫心靈的妙處。寂靜乃聲音之保姆，唯先懂寂靜，才能善解音聲。佛經常禮讚空中之聲，聲自空中來，不知其起於何處，飄向何方，為何人所造作，只覺洋洋乎瀰布四方上下，這是最完滿的聲音，最能照應我們的生命的聲音。不壞寂靜的聲音，聲中有情，音裡有顆慈心運轉。我們要活得安穩自在，是非有生氣蓊勃、元氣淋漓的聲音相伴不可。溫馨的言語最能慰藉人心，確有深理。

善詮佛法的張澄基教授說：「修習禪定實為一種靜悄悄的革命。」在定中，任何聲音無所逃遁，連魔言鬼語也全般現出，這是翻轉吾人身心的大好機會。在忙碌的生活中，我們是需有點定力，以迎擊各種發聲之人與物，以免小小生命因驚怖而動搖了魂魄。

利鈍有別

人需要不斷地思考，這是生活的重要命題之一。笛卡爾「我思故我在」已成現代人的口頭禪，只不過少有人能真真切切地體貼到思考運作之意境及情境。尼采在新年的第一天便對自己說：「我依然活著，依然在思考。我必須繼續活下去，因為我必須繼續思考下去。」以思考為活下去的理由，這應不僅是哲學家的生命意義之所在，也該是我們每一個人無法脫卸的天職。當然，我們不必像沙特那樣地熱衷於思考，醒著的時候是還有一些事情不必大動腦筋；我們也大可走出斗室，不用學海德格整日坐鎮內院而謝絕朋友的拜訪。

思想的真諦且交由哲學家去辨明，而思考的益處則人人皆可多少領受以增進生活的趣味。近來，耳邊迴響的多是感覺的消息，一句句「我想」、「我覺得」交相傳送，其中卻少有真心思索之所得。現代人講究速度熱度，卻忽略了廣度深度。感性最能推波助瀾，人乃成了浮游生物，生命的大海浪花迭起，打濕了衣裳，卻推送不了深巨之潮流。

最近，在螢光幕上看到不少漂亮的面孔，滿足了許多人片刻的視覺享受，但那些美麗的人兒一開口，美感便立即打了折扣；直接的反應談不上機智，片面的答案更欠缺閃亮之觀念。看他們不是談體重說身高，便是喜唱歌愛跳舞，或是直說睡覺我最樂，或是一副吃相如稚兒。當然，年輕人中好學深思的總是佔少數；然若在所有細緻的皮肉之外，難覓思考之石磨所研磨出的思想的點滴，也實在夠難堪了。

「思想」是空泛之詞。在眾多好腦袋精密地推敲之下，思想的閘門漸開，其澎湃氣勢筆墨難形容，其富麗之內涵則非有雄心壯志者無能窺其一二。就思想之好處略加分析，起碼有三項值得我們注意：

一、思想有助人格的成長——不必再搬出古籍聖典，我們任意往文化寶藏一探，便可見思想的結晶滿布於人類偉大心靈的天地中。雖有人說多想無益，終日而思並未能有相對等的收穫。然不思不想之對於一個正常人，不僅無益，且有危險性。思想是精神的武裝，誰放棄它，誰就等於退出人生的戰場。自覺是善於思想的自然成就，而自覺便是人格成熟最重要的酵素。一個能思能想的人，根本不必害怕錯誤的思想（或所謂「邪惡的思想」），因為錯誤與邪惡總是發生在思想管道之外，而寄生於怯於思想或不敢面對自我及現實以進行思考的人身上。

二、思想能使生命恆有新風貌——人生不算長，但卻極易令人疲憊。思想便是有機性的質素，能在機械的軌則中拓現闊綽的天地，讓我們活得有意思有希望。特別是那些染有理想色彩的知識，它們如夜空中的明星，不單是一種點綴，更是吾人的另一隻眼，射出生命裡最燦爛的光。多活一天，若不能因此多想一天而進一步想多活一天，則時光對我們的意義將減損大半。不管想得淺或深，想得多或少，想得精或粗，都是對生命的尊重，對精神的珍愛。

三、思想能使我們與眾不同，同時使人人親密地結合——一點點思考能力便能讓我們發現自己的身影，而不斷增強的理智更可確認所有的人具有共通的人性，以及人人應該攜手合作的隆重理由。有人因思想而狂放，其實是生命力被釋出，獨有之個性因思想的催化而益形突出。對這種自認為與眾不同的人，我們且「避此人出一頭地」，眼前的路留寬一點。至於集合才智之士往人性之內陸進軍，為發現人之所以為人的原理，以及文明所以輝煌的能源，則是更可敬的思想的事業了。

以上仍是空泛之談，不值有識之士一笑。若要發揮思想的精義，實非千萬言莫辦；而若想稍稍涉獵思想的意境，則只要反躬自問，並培養些膽識便可。陶淵明「此中有真意，欲辯已忘言」，是長久沈浸於思想意境之後的深刻體認，但在吾人仍未能熟練地揮砍思考之利刃之時，是仍須勤於言詮辯論，絕不可在別人所提供的言語成品中坐享一時之財富。

如何用自己的話說出自己真正懂得的道理，是技巧也是藝術。耶穌彷彿大言不慚：「我是生命，我是真理，我是道路。」其實是不可一世的生命氣魄已然由思想閘門奔流而出，奔向一株株脆弱的生命之樹，為了重現天地蓬勃的生機。在今日的商場，我們也該是虔誠的教徒，以一柄心香獻向理性的祭壇。成功的商人必然崇奉理性，樂於思想。王安博士的大腦不輸他所製造的電腦，李遠哲博士在實驗室外，還能以清晰有條理的語言告訴我們一些超乎科學的真理。這些人上之人手持的尚方寶劍十分尋常，和我們這柄時有鏽壞之可能的刀並無什麼不同，它們質料無殊，只是利鈍有別。

你表現我欣賞

這世間一直有人在演戲，也一直有人在看戲。放開眼界仔細瞧，原來人人都在演戲，人人都在看戲。戲法人人會變，戲目人人會編，差只差在怎麼演怎麼看；至於精彩與否，就讓那些以旁觀者自居的評論家去操心了。

演戲由你表現，看戲任我欣賞。表現是才情的淋漓，欣賞乃心靈的滋潤。演戲不僅是身手的比劃，看戲更不能只看在眼裡。希臘人發明運動會，原是為了以美麗的肉體顯豁靈魂的優雅，運動精神絕非逞能鬥狠，而是靈肉合一的一體昇騰。中國人最善於搭戲棚，以高厚的天地為基礎，以蒼茫江湖為背景，一干人馬於是喧囂起來，文武各擅勝場，才子與佳人各有所歸，不論悲喜，休管窮達，總得舞個半日，至於臺上人幾近瘋癲，臺下人恍如痴呆，然後棚子拆了，人也散了，留下的是無盡的空虛、無邊的寂寞，靜靜等待另一場熱鬧。

然演戲須自由，看戲要民主。自由的人群不能擁擠不堪，而得預留足夠的空間及適當的時機，讓每一個人作最自由的表現。最自由的表現即是最佳的表現，當然，演戲的人須先熟諳自由的真諦，他的一顆心不能被束縛，他要以無心為心，以至於無所為而為。藝術的真價不在技法的難易，而在創作者究竟有沒有對創作的自由作最好的運用。

而民主的社會原是為了讓每一個人演一場好戲，也看一場好戲——人生即是一場好戲，這包括孤芳自賞的修養在內。看戲的要尊重演戲的，如果演戲的竟是自己，那便是鍛鍊自我人格的大好機會。人格的最底層就在對自我的尊重，做到自尊自重，道德的華廈便能屹立不搖。有時候，看戲的難免叫嚷，但須以不妨害臺上人演戲及臺下其他人看戲為原則。有時候，掌聲也要收斂一點，過度的捧場終會失去欣賞的立場，而遺漏掉一些精彩的情節。

自由而民主，民主而自由；你表現我欣賞，我表現你欣賞。這彷佛是無數條平行線，讓無數世代中無數的人能夠來往無礙，生生而不息。底下的問題人人都得自問自答：我有沒有一顆自由的心？我是否常作繭自縛劃地為牢？我能否稱得上是個「民主人」？我在自我作主之餘是否立即顧及其他同樣能作主的自我？我在「能夠」和「應該」之間曾否維持一定的平衡？而當別人熱烈表現之時，我曾否真心欣賞過？為了讓星空更燦爛、大地更輝煌，我是否準備隨時出馬，隨時點燃自己這支小蠟燭？

是不必多所倡言「犧牲享受，享受犧牲。」這種聖人的境界，千分之九百九十九的人是達不到的。表現不一定要犧牲（「犧牲」這個詞似乎被濫用了，它的意義也逐漸在變質。）欣賞更非只是享受。大家大可以平常心，平淡地說句：「讓我來吧！」輕鬆地叫聲：「你看！」其實是自己的一雙眼裡有色彩在流動，自己的一顆心底有清泉在湧動。

閑情之妙

閑來無事不從容，睡覺東窗日已紅
萬物靜觀皆自得，四時佳興與人同
道通天地有形外，思入風雲變態中
富貴不淫貧賤樂，男兒到此是豪雄
——程明道

這是程明道詩〈秋日偶成〉二首之一。明道先生是理學家，他深明哲學玄旨，並善體心性大義，但不落入嚴肅的道德窠臼，而保有老莊回歸自然的情懷；然也不流於枯寂淡漠，而保有生命天真之意趣，以及一種傾注於現實人間的雄心大志。

這首詩一開始就畫龍點睛：「閑來無事不從容」，並展現一副「草堂春睡足」的隱者風情。所謂「閑」並不是沒有事做的閑散無聊，而是「無事不從容」的悠然心境。生活如行雲流水，事事自得自樂而無不成。忙裡偷閑，樂在其中，明道先生另有詩名「偶成」：「雲淡風輕近午天，望花隨柳過前川；旁人不識予心樂，將謂偷閑學少年。」人生確實可以不老，只要長保年少心；而生命的源頭活水，就在「萬物靜觀皆自得，四時佳興與人同。」能靜亦能動，一方面是心靈深沉的作用，另一方面則是精神飛躍的表現。出入世間，身心共融，吾人之理想與現實本無齟齬，是大可實驗孟子「萬物皆備於我」的深造自得而左右逢其源的獨樂樂，也可好好體貼陳眉公「此中空洞原無物，何止容卿數百人」的眾樂樂。

生命大開大闔，是有其自轉恆轉之中樞，而迤邐出生命之道，此道通遍天地，已非形相所能拘禁。由此看來，人是必須在肉眼之外另開道眼慧眼。同時，世上風雲，人間百態，正是吾人思想的絕佳素材，值得仔細琢磨，而勇於探索。如此，人格便可在朝向理想世界的觀照以及深入現實世界的理解，兩者協同一致之下得以成長，終獲致堅貞之德，於是富貴與貧賤將似輕煙一縷，隨風而逝，而英雄豪傑就可昂首闊步，現身於生命坦途。

本來哲理不易入詩，明道先生以仁者氣象將兩者加以調和，可謂詩格即人格，讀其詩如見其人。遙想一盆活跳的魚兒悠游水中，一片亂生的綠草搖曳窗前，我們的哲學家正低迴其間。就讓世界環繞著我們，我們擁抱著生命，哲理與詩趣自然交織成一幅美麗的畫圖，置身其中，我們或許會驚呼：這次第，怎一個「閑」字了得！

交棒

眼前是有許多人或有意或無意地把許多根本問題擱置一旁，而去計較一些事實的表象或行為的軌跡。也許，逃避重大問題，可以獲得暫時性的心理鬆弛，甚至可以自我編織另一個美夢。不過，就「爭千秋」的角度看來，這些多少具有鴕鳥心態的人很可能是失敗者，終可能為歷史所擊倒，為歲月所奚落。

以不變應萬變，前人奉為圭臬，然不變的究竟是什麼？萬變者又是什麼？那些「泰山崩於前而目不瞬」的修養高手恐怕一無所知。拒絕向現代交卷向未來求教的頑冥之徒仍大有人在，他們執著傳統的道德意識，但卻無能勇於向蒼茫的大地及翻騰的人群追問道德的新義；他們以某些既得的權位，在一種共同護持的制度中獲致安養色身的各項物資，然而他們的精神生命並未與時俱進，他們和年輕人努力鑄造的現實之間逐漸加大了距離，於是保守成為守舊，溫和成為懦弱，不變的臉色滿布無動於衷的冷漠。

十五年前，在某大學的一項座談會上，一個身負行政職責的長者以略為沙啞的聲音說：「我們會把棒子交出來的。」臺下一個年輕人立即站起來，大聲叫道：「棒子在那裡？棒子在那裡？」十五年後，我們仍然苦苦尋覓：「棒子在那裡？棒子在那裡？」似乎有些棒子被藏了起來，甚或被摔向跑道外，於是接棒區一片混亂，老老少少擠成一團，互有傷害。

我們不明白我們這個社會的一些美好的傳統怎麼會遭致如此的誤用？一味責怪衝動的少年而不給予真正有助於他們的提攜與照顧，或只是一廂情願地自認為已把老年的成熟智慧宣揚了，而無視於下一代在知行、心腦及事理之間的種種困惑，這未始不是反理性的作風。敬老尊賢的倫理並未發揮最最正面的功能，在這個快速成長的社會中，我們的老少兩代絕不是互相對峙的敵人，但其間卻已存在難以交往互通的一些障礙物。在此，我們要界定所謂的「老」不是年老，而是「心老」，是生命日新月新的機能嚴重退化了。

當然，見異思遷隨波逐流也不是好事。年輕人的毛病是不少，問題更多。但如果集合年少精英，以高度學養及熱烈的愛心，一起揭發事實內在之蘊涵，一起確認根本問題之所在，然後一起商酌對策，並集中奮進的意志加以解決，這不就是進步的樞機嗎？如果歲月只會增添人性非理性的成分，我們敬重的長者竟然短視，竟然只在意生活的瑣瑣碎碎，而萌生難以言宣的自私心理，那麼我們對未來的信心就要大減了。

讓失敗絕跡

所謂的「成功」是很難下定義的。就個人主觀的心境而言，成功是意志的貫徹，是希望的實現，是理想的完成。而就社會客觀的事實看來，成功往往是一種發明或創造，它須有功效及利益可資鑑定，它也須獲得他人相當程度的認同。因此，將成功描述成花或果，誘得人人垂涎，個個躍躍欲試，已是把成功的意義導向這個繁華的世界了。

現代人比古人有了更多的成功的機會，這是社會進步文明發達所致；然而在追逐成功的過程中，我們所付出的代價常是慘重無比的。在這個人擠人的彈丸之地，竟然出現了過量的所謂「成功的人」，而判定成功的標準竟然是背離生命的。名和利充斥在成功的意涵中，而它們的真實性總是不斷的在剝落，名成了「知名度」，利成了「立即性的享受」，於是我們似乎隱隱聽見生命的本真在哭泣，同時遙遙可見崇高的理想如卞和死抱住的未經琢磨的寶玉，在眾人的奚落下斂住了光芒。

失敗雖不可恥，但卻令人心痛。我們夢想這樣一個世界：永不再有失敗的影子，有的是成功的異彩。在這個夢還是個夢的時候，成功和失敗仍各具相當的比重，我們也依然帶著賭徒的神色，懷著危懼的心情面對未來。再精明的電腦大概也解不開成功的密碼，我們倒是經常被一些數目字騙了。

任成功和失敗如影像交織，我們仍大可走出一條屬於自己的道路。老子說：「自知曰明。」了解自己，開發自己生命內蘊的寶藏，乃是自在而穩當的人生態度。不需在或進或退的尺度中徘徊，人生的道路豈能以道里計？生命是個圓，絕非痴人說夢；不斷地走向自己，體貼自己，不讓自己變成自己的陌生人，所謂的「征服自己」、「向自我作無情的挑戰」，都必須在自知的清明中進行。如果不幸逸出生命的軌道，甚至自戕自害，那麼我們寧可謝絕成功的邀約，寧可在無聲無息的心靈天地中終老一生。

人人都可能是生活的英雄。永保對生命的敬意，不吝惜毫無回饋的付出，我們都將是一個成功的人，縱使我們一生潦倒，一無所有。適度的保有成就感，而不一味地自我陶醉，也不失為良好的生活策略。或許，我們可以一起來思考這兩句話：「了別而不分別，比較而不計較。」了別成敗對我們的一定的意義，但不刻意分別它們，如此，成功便是自我賜給自我的榮寵，而不是一種獵獲了。至於那喧騰不已的競爭迫使我們一廂情願地活在別人的眼中，是因為我們猛在計較而喪失了自知之明。如果能夠「執其兩端，善用其中。」不斷進行心平氣和的比賽和較量，那麼我們將可共存共榮，失敗終將絕跡。

現代生活三面觀

活著，不僅是個事實，而且是千萬年來僅有一次的屬己的機會，縱然悲觀的人會認為這是命定的，幾乎逃避不了的，特別是當他們看到所有活著的人終不免走向死亡，走向無盡的空無，一種悲涼之感便從心靈深處升起。因此，我們仍然寧可以佛教「人身難得」的見解自我期許。

而活在現代，則簡直是一種恩寵。這話一點也不誇張，因為「現代」是人類文明創造的高峰，而我們身在其中也隨時隨處可以創造「高峰經驗」。在此，就暫時不必理會心理學家的解析或論述，只要回頭端詳一下自己，以及周遭的一切，我們便可輕易發現：原來這副六尺之軀是個精美之物，而展延在眼前的人生不正閃爍著異樣的光彩？

榮耀加希望，信心與行動，這是永世不再的絕配。另一方面，這世界也不曾虧待過我們，它總是耐心地伺候我們，等待我們，甚至忍受我們。因此，該提防的不是外盜，而是內賊；

該注意的不是別人的臉色，而是自己生命內在的變化——其中時明時暗，時動時靜，時或開放時或封閉。

由此，我們便可進入生活的核心——自我，自我是生命的原鄉。

一、自我是口井

無可置疑，我們都處在現代，也都正一起生活著。但在現代生活多元的內容與多變的風貌不斷逼現之際，我們總難免膽顫心驚，有時甚至茫然不知所措。蘇格拉底說：「未經反省的人生是不值得活的。」如今，我們卻可能會作這樣的自我檢討：「活了這麼多年，我究竟得到了什麼？擁有了什麼？」而那些講究「意義」，也正視人的「存在」的哲人，卻一直努力地辨別「做」（to make）和「有」（to have）的不同；他們一方面發現人的欲望其實是一種匱乏；而且可能是永遠的匱乏；另一方面，他們卻熱衷於創造，並致力於無止境的開拓，而把得失與利害拋諸腦後。

轉身回顧，確實是頗為艱難的動作。而讓自己在生活的原野中不斷馳騁，以堅實的步履大力踏出一道坦途，更屬不易。當然，創造的定義經常出現詭義。無中生有，如何可能？若真的一無假借，誰又站得起來?現代生活中多的是複製的贗品。也許，我們在打拼之際，是大可不必放盡力氣，或把全部家當全押了下去。因為走回自我原是漫漫長途，其中真真假假，是是非非，可比天地間的風風雨雨;心靈的原鄉經常陰晴不定，而人在其中，便不免吉凶未卜。

事實證明:現代不是一個能空口說白話的年代，它雖肚大能容，接納了數不清的奇異的人和事，卻也眼光銳利，恩怨分明，豈容我們一輩子作假弄虛，胡作非為?若「現代」有靈有知，她也許會說:「沈默的人有福了。」雖然到處有巧言令色的人暫時或表面上佔了上風。其實，天底下道理只有一個:「做了什麼才能夠擁有什麼，而擁有了什麼，難道不是因為已經做了什麼?」「什麼」究竟是什麼?這便是值得每一個人仔細看管的話題。原來所謂「生活禪」一點也不玄，而它就妙在每一個捧心開心的自我。

自我是口井，其中活水源源來。活著，活著，像是甘洌的井水滾滾而來，汲汲而出。雖然一口井映照不了一大片天，也止不息千萬人的渴，但它卻緊緊守住自己的方寸之地，而且永無泛濫之虞。當然，問題依舊在:世上億萬口井，其間能否源泉互通，水脈相連?這可就不是那些私心自用，沾沾於小我小利的人能夠解釋或解決的。

二、社會是塊田

美國當代哲學家理查・泰勒（Richard Taylor）反對利己主義者（egoist），但也同情地瞭解利己主義者（自我主義者）。他說：「基本上，我們都有自我意識，我們每一個人都能敏銳地在每一個時刻察覺到自己，察覺到自己是如何地與周遭的一切發生關係，以及如何地時時刻刻關照這一切，看待這一切。」自我意識旨在自我瞭解與自我肯定，其間，是難免有自我中心主義的危機。若自我是個定點，也只能在人人相對等的情況下才有其一定的意義，而較合理的說辭似乎是：「自我是起點，人由此走向他人，走向周遭的一切。」因此，在允許適度的自利並不至於損人的範圍內，現代人其實該在深廣的社會意識中去經營自我的一切。

人如蝸牛，背著「自我」這個殼到處攀爬。這比喻看來有損人的尊嚴，但它至少比把人當作刺蝟或狐狸，來得友善多了。而人這個殼比蝸牛的殼是硬多了，因為它是以精神意識和心理因素黏結成的。有人說：「人的表面（Surface）便是他的殼。」但這「表面」到底該多厚多薄？並沒有一定的標準。也許，人身通電，人心更非絕緣之物，這已暗示人若有殼，頂多也只是用來蔽風遮雨；在人來人往的社會中，我們是該隨時放下這個殼，讓自己輕鬆，也讓別人不至於經常被撞得鼻青臉腫。

其實，每一個人都是一粒小小的種籽，落在社會這塊田裡。雖然田地有肥腴貧瘠之別，但種籽都一樣富有生機。因此，我們在講究自我生存之道之時，是該對這生存的處所以及其中的種種條件進行多方面的調適與轉化，有人說這是無可推卸的責任，然而，更親切的肯定是：「這理應是極其寶貴的權利。」在責任與權利之間，自利利人並非理想，而是一大現實。美國哈佛大學的當代哲學家羅爾斯（John Rawls）一心期待這樣的社會：「讓我們設想，在一個社會裡，其實務活動的體制已經底定，且大體上這個社會中的人各自為己，而他們所以願意忠心於他們已制定的實務活動，通常是因為他們對自我的利益有所期望。」原來天下為公並不妨害人人為己，而我為人人的理想是必須落實在社會的體制中。那些有精神潔癖或道德狂熱的人其實並不太懂生活之道，也不太適合與他人共創現代的事業。

田地需要耕耘，種籽需要滋潤。就讓每一口井的清泉流向每一塊田地，而讓每一粒種籽都有成長為大樹的機會。這是自由，這是平等，這更是公道（Justice）。

三、文化是擔糧

如今，我們是不必再爭論文明與文化的異同，也不該再以精神與物質的二分法來宰割「文化」這個有機體。現代是文明的高峰，也是文化的寵兒，雖然後現代（Post-Modern）的腳步正踉蹌而來。因此，我們在忙亂之際，是該多所保留，多所回顧，並好好思考一下自己該何去何從，而這並非可以自作主張，因為我們的身心結構中已飽含著文化的因子，而我們生活中任何一項的抉擇也都需要現代文化提供足夠的參考係數。

放眼當代，竟有不少人活在一個「社會發達，文化落後」的地方，這不是某些個人的不幸，而是一大群人共同的痛苦。當然，也有某些人的文化水平趕不上社會的潮流，而變成其他人的包袱。於是在個人與社會之間便不能沒有各種管道互通，以便人人各取所需，各盡所能，而文化就在人人來往之間自然地發展開來。

誰不是人類文化的消費者？眼前，是有不少人把文化當成消費品，甚至是奢侈品，他們胃口不小，但眼界並未相對地拉高。譬如：大富豪大手筆，於是一大批名畫盡入個人的收藏，如此，畫家們因此變得聰明了，而聰明卻對才情可能有害。本來，我們是大可共享文化，共同經營各種文化事業——世上各行各業，那一樣沒和文化沾點邊？所以這樣的警覺是必要的：消費與生產是並行的，而文化絕非商品，它不是買賣的對象。雖然那些價碼撕了還可再貼上，但身為文化人的我們豈可成天在路邊吆喝？

先賢留下教訓，而我們正不斷咀嚼著文化的精髓——生活的理念，它們幾乎都是可供我們涵詠其中，浸淫其間的價值與趣味。現代人的心彷彿都是透明的，我們勢必隨時開放自家門戶，和每一個「他人」共享文化這擔糧，而這擔糧也正是我們辛苦耕耘出來的豐盈的收穫。

四、結論

自我、社會與文化，三個面向三個環節，而人居其間。事實上，現代人個個依舊是道道地地的人，飛天潛水之餘，是還得回到舒坦的大地。因此，由自我走向社會，再由社會探向文化，其間道路多途，方向多變，但人依舊是人。

人在福中不知福，而禍端初肇，又有幾人能知曉？心理分析專家說「自我」可能生病變，政經學者大談現代社會的特質，說民主論平等，還搬出一大堆數據來。而聲音最弱的人文學界也曾悄悄地感歎傳統的文化花果飄零，現代的文化分崩離析，未來的文化則一片模糊。看來現實令我們灰心喪志，而理想的召喚卻一直映不入我們的眼簾。

曾有哲學家作這樣的假定：人生觀有兩種，一屬於黑夜，一屬於白晝，而我們究竟該選擇哪一種呢？哲學家一口咬定：「我們最好選擇白晝的人生觀，因為白晝才能讓我們看得見甚至摸得著。」不過，生活的天地間仍有黑夜，心靈的原野中仍有暗處，現代不是萬靈丹，何況我們仍可能只是一隻井底蛙；只在田地裡守株待兔，而一心坐等糧米到嘴來。

生活本不必有結論，但若問號過多，疑團加大，我們的生活便難免有過多的變數。在打造生活的礎石之際，我們不能是個苛刻的懷疑論者，也不能是個頑冥的宿命論者。溝通已是生活的要務，討論也不僅是課堂裡的專業。在古今中外八方風雨不斷鼓湧之際，現代生活又豈止三個向度？也許，面面俱到，一體成形，並不是一種技術，而是永遠值得我們推敲摸索的藝術，生活不就在創造與欣賞之間不斷更迭、不斷變現嗎？

一九九五、一、十一

第二部 社會觀察

——社會是條河，河裡有你我的倒影，更有無數的亮光流淌其中。——

教育的一條活路

在政經掛帥之下，臺灣的教育並未受到足夠的重視。所謂「百年樹人」之大計往往遭到擱置，因為力爭千秋的人是越來越少了。高雄國際商專事件乃冰山一角，暴露了我們教育體制的盲點：辦教育究竟是一種賺錢的生意或是一項文化事業？而教育機構應如何接受教育理想的指引與教育科技的管理？政府的教育決策又該如何使各種教育管道成為人文創造的歷程？這都是亟需主管當局及學者專家共同思索的課題。

十二年國教的暫緩實施，似可以有限的時間換取廣闊的思考空間，以全面檢視教與學的全面運作。在課程設計、教學方法、學校體質及升學管道皆尚待籌劃、創新、改善與疏通的時候，若貿然延長義務教育，則九年國教的種種症狀極可能再度猛爆。而若莘莘學子仍只有升學與放牛兩種選擇，則減少一次聯考，其實並無法減少加諸民族幼苗的種種摧殘。全面提升國民學歷的作法，也可能無助於社會文化的創造與科學知識的發明。此刻，多元化的教育制度，應是我們的一條活路。

若學校像餐館，則素來我們所供應的菜色未免太單調了。其實，我們中小學的課程份量不輕，課程的類別也不少，但在課程內容及教學運作上，並未達致師生互動；在尋求共識的前提下，並未確實尊重每一個受教者的智力與性向。泛政治與泛倫理的趨向更使得我們的教育一直困於不夠開放的情境中。昔日，政治力量的不當干預確實窒塞了不少生機，不過，今後在一切反教育的勢力逐步撤出黌宮之後，我們便不可再把教育失敗的責任交由某某人或某某黨來單獨承擔了。目前，首要的課題是如何增強教育的自主性，如何使教育從實際的管理以迄理想的追尋皆在活動的脈絡中，一方面吸取各方面的資源，一方面作自我的整合，讓教育這株錯節盤根的大樹能夠在風吹雨打中茁壯。

教育不能只是一種科學，一種哲學，它應是群體的共同生命在一定規範之下的自我栽培與裁成。要想發揮教育的最大功能，勢必動員我們的所有社會資源與文化資源。因此，我們是不可設下過多的限制與障礙，妨害了教育活力的自由發揮。當然，教育乃文化之一環，它不能脫逸人文的常軌，不能在社會規範之外放任獨行。種種群體認可的價值理想絕不可失去它們領航的角色，因為教育的體質往往是脆弱的，教育的體系是有可能被某一種反民主、反人文，甚至反人性的力量所操縱。

在民族心靈的翼護與世界潮流的脈動之間，我們的教育當可自然衍生多元化的制度。唯有多元化，才能兼容並蓄，才能在自由民主的根柢之上，鼓舞各種知識文化的創造。傳統可以是寶藏，亟待我們挖掘。孔子的教育理念，歷久彌新。孔門師生在各種生活場合，所進行的思想的試驗與人格的培塑，仍值得我們借鏡。然而，傳統所遺留下來的簡易的一元化思考方式，乃現代教育的大敵。舉凡教條主義、形式主義、威權主義、反智主義及淺薄的實用主義，皆從僵化的一元思考中變態而生。因此，尊重各種可能之差異，承認人人根性之不同，包容不可逆料的錯誤甚至罪孽，都是現代教育的具體作風。

當然，教育事業有其現實性，施教者沒有千手千眼。在先天條件並不優越的情況之下，我們唯有放開腳步，奮勇向前，以迎接新希望的誕生，當務之急，似應從兩方面同時進行。在教育的主體方面，我們須建立高明深厚的思想教育，掃除所有黏滯於俗事俗物的片面思考，以強化下一代共赴生命崇高標的的能力。在教育的客體方面，政治角色的釐定不可再流於昏昧不明，如何減少限制與監視，積極協助教育園地進行全面的耕耘，是當局不可再緩的工作。我們期待各種不同型態的學校如百花怒放，以使我們的各種人才不致因規格所限而被犧牲，多元化的教育模式未嘗不是自救救人的偉業。

一九九〇、八

救人第一

最近，臺灣的學術與文化屢遭責難。李總統感歎民間文化庸俗，郝院長抨擊電視節目貧乏，吳大猷先生則在走訪大陸前夕，對國內學術水準之低落表示失望。冰凍三尺，非一日之寒；責難之餘，該是共商對策以力挽狂瀾的時候了。

文化的貧乏與庸俗是思想空泛、教育失調的併發症。而思想與教育實為一體之兩面，其間充滿互動的質素。我們的根本問題在：那龐大的教育系統多少喪失了思想的活力，而那些高踞殿堂的學術人物並未全然投入全人的教育。於是，不少血肉之軀因而失血，不僅生命光彩不復，連基本的言語動作都出了問題，遑言凝聚共識以攜手邁向未來了。首先，文化的龍頭——學術界是非大舉重振不可。

「舊學商量加邃密，新知培養轉深沉。」朱子的篤實務本足可作為今日學術界的典範。學者出身的李總統自言研究朱子學有得，說他深信朱子學的研究必能提供一道思想活水，以正本清源，而匡正社會風氣。如今，追名逐利成了許多大學教師的風尚，「道問學」的千秋大業入了冷門，「尊德性」更在心靈污染人格扭曲的現實處境中被送上空中樓閣。當然，在一般人眼中，教授一職仍保有一定的尊榮；不過，整個社會價值觀正由市場導向而日趨下流，維護社會公道的報酬系統已無法讓少數默默耕耘者抬起頭來。因此，主其事者是應立即停止打擊士氣的苛責以及口惠不實的承諾，該花的錢要花在刀口上，該做的事情就別再拖延時日。如何廣設研究中心，如何獎勵學術著述，如何整飭教育風氣，這些事情都在臺灣目前的財力以及菁英的智力所許可的範圍內。我們希望吳大猷先生從對岸回來之後能以學術最高領導人的身分，平心靜氣地與各界學者多所商量，以再造學術的春天。一方面，典型在夙昔，朱熹知識與道德並重的作風是不必被冠上聖賢的榮銜，這是可以運用周全的制度而實現於一般學者身上的。另一方面，他山之石可以攻錯，往後勢必日趨頻繁的兩岸學術交流，當能為臺灣的知識界注入質量不盡相同的新生命；然而，這一定得在不傷害此地之尊嚴與利益的前提下進行。我們實在不願再聽到吳先生的重話了。

至於我們的民間文化，大家有目共睹，其境況簡直可用「悲情」兩字加以形容。電視節目正是民間文化的反射，而且往往是立即的反射，其淺陋鄙俗自不在話下。若說我們的民智已開，只不過是說我們已站在起跑線上；近年來逐漸活絡起來的草根文化如冬眠乍醒，眼前仍有一大片的茫然。韋伯藉以肯定西方現代文化的「理性化」（rationalization）並未在臺灣社會獲致全面的發展，中國人固有的性格也還未作兼具深度與廣度的轉化。譬如說，我們那無孔不入的人情系統幾可收編一切，而讓理性顯得蒼白無力。最近，筆者接到一位大陸學者的來信，他說他剛參加了一項有關中國文化現代化的討論會，開完了會，留給他的卻是對中國固有文化的懷疑與困惑，而他最大的問題是：如果中國的民族性格不作適度的轉變，中國的現代化如何可能？這是一個根本的問題，因為現代化基本上是人的現代化，而人的現代化其實是人的思想的現代化以至於行動的現代化。臺灣同樣無法避免這個屬於中國的問題，而且還正變本加厲地走入世俗洪流。如今，救人第一，全人的教育即旨在救人。科技與工商的大結合，形成另一種水深火熱。自我超拔與他力救贖應同時進行，思想與行動之間的階段性與一貫性並不必有過多的轉折。我們有時為達目的不擇手段，有時則單談技巧不論原則；我們有太多的工匠人，而少了能作獨立思考且行動有序的「新人」。在政治力逐漸撤退之際，我們的教育即刻面臨新的課題：應如何詮釋人的生命以揭顯屬人的奧秘以實現人性的內涵？

把人當人看待，不僅是大學問，而且是我們共同的責任。多少生命的悲劇肇自吾人對生命的冷漠與輕忽，血淋淋的場面竟是無知與不仁相乘的結果。唸了近七年的醫學，一個大學生竟說：「我的醫學教育至今尚未告訴我：生命是什麼？」一大群其情可憫的販夫走卒成天在物質充斥的環境中討生活，至於逐物而不返。對此，我們的教育又能提供些什麼？我們的大官人又該說些什麼？

一九九二、七

生活理念的省思

臺灣社會在重商主義主導之下，國人在工作與休閒的取捨與配置之間，顯然已經出了問題。工作與休閒是全幅生活的兩個面向，兩者之間的互動關係左右著吾人的生活秩序。而工作的態度與休閒的方式，則大可反映人們的價值理念，並幾乎決定個人生活內涵的質與量。

其實，商業體制不過是一套外在於個人生命的經濟活動所依循的組織與系統，作為一個人，一個有自主性的人，是大可脫逸出生產與消費的運作，而獲得相當的屬己的自由。當然，就工作而言，自有其紀律與規範；但休閒活動則主要取決於個人之意願與性向，並不必然會有過多的社會制約。而工作對於休閒的影響或正或負，如何調整工作態度，以有助於休閒活動的安排，且進而從休閒的廣闊天地中再培養繼續工作所需之生命活力，似乎不只是一己的私事，更可說是重建社會文化的大課題。

經常聽見這樣的描述：臺灣社會充滿功利主義的氣息。在此，借用「功利主義」一詞，並不十分妥當。西方的功利主義在邊沁的闡說之下，其中心原則是：追求最大多數人的最大幸福。而它有兩個道德論的預設：第一，肯定人是有理性的。第二，肯定人們在追求其個人的最大利益時，必然會很理性地以社會整體的最大利益為目的。我們如果拿這兩個預設作為判準，來檢查臺灣的社會人心，將會發現許多人的生活文化並未達到功利主義所要求的水平。充其量，他們只是在種種有功利性的世俗事物中打滾而已，而因此使得他們的工作變成一種背不動的包袱，也讓他們的休閒活動不斷消磨甚至腐蝕他們原本健康的生命。

是有不少人的休閒方式欠缺自主性，人家提供什麼，他們就玩什麼。可以說：許多人是被設計了，而成為商人眼中的獵物。一個有理性的人必然是一個能夠自我抉擇自我決定的人，但在過度消費至於以消費為導向的社會中，要一個人獨立而自主地選擇一種生活用品，並進一步培塑一種生活態度，似乎是越來越困難了。近來興起的「個性消費」，其實內藏弔詭，因為當它成為一種口號，一種流行的訊息時，個性將不再被尊重（若有所謂「個性」，則很可能是設計出來的，而且是可以被分類的），到處可見的只是更加不由自主的消費行為了。

至於幾近野蠻的娛樂，竟然在我們這個社會的某一階層無端泛濫開來，著實令人心驚。就以「挫魚」為例，它不僅反理性，更反生命——而無視於人性的善良與尊貴。其中所掩蓋的病痛不僅是少數人的私慾使然，而且意謂著整個社會文化已然失去理性的支配力，於是有人以感官一時的快樂替代了心靈恆久的幸福，而在金錢的蠱惑以及縱慾的遊戲中，扭曲人性，殘害生命，這可不是人性的原始，而是人性的墮落；說這是現代人的一種自由，那可是對社會整體的一種侮辱了。

社會重建理應是一種文化重建，而文化重建更應是一種道德重建。在卸不掉「功利」這重擔的情況下，我們的經濟政策在決策之際，若能立即與文化政策及教育政策相互配合，那麼我們的社會文化或許可以在比較理性的秩序中獲得重整的機會。道德不一定是椿嚴肅的事，如果我們能把它轉化為一種生活紀律與行為規範，而用較富彈性的方式，讓它轉注於個人生活的各個層面，並進而滲透入每一副心靈，則道德終可助成現代人諸多美夢的實現。

從工作與休閒娛樂的生活係數著手，也許是道德重建的方便法門。就在功利與效益的基礎上，我們可以做的事情實在不少。熱愛工作至於珍視休閒，尊重一己至於關懷人群，這是有文化有品味的生活，而發揮生命的大愛以實現人性崇高的價值理念，更是所有製造工作機會並提供娛樂場所的巨商富賈必須深思的。

一九九二、四

我們需要同理心

目前，臺灣社會似乎極易陷入某種難以理解也無以自制的情緒中，在許多公眾的場合，經常可見有人血脈賁張，有人劍拔弩張，還有人不時茫然於某一種表象，因而緊張地環伺周遭，或狐疑地坐立不安。然而，仔細看來，這個不怎麼成熟也不怎麼穩定的群體，仍然充斥著莫名的冷漠與空洞。

最近，從一家所謂的「地下電臺」收聽到一個開放現場的節目，在近一個小時之內，幾乎所有打電話來的聽眾都反對政府立法處罰騎乘機車不戴安全帽及開車前座不繫安全帶。他們幾乎異口同聲地抱怨戴安全帽的壞處與苦處，而絕口不提那已經統計證實出來的好處，甚至有一位老氣橫秋的年輕人說：「老子開車上高速公路都懶得繫安全帶呢！」不知是否他們已對政府喪盡了信心？或者我們立法的品質已到了令人無法苟同的地步？還是一股群眾的情緒隨著無限電波正迅速蔓延，而淹沒了原本所剩無幾的理性？

古人相信：人同此心，心同此理；而許多現代人則是人同此心，心卻不同此理。同理的共識一直未能形成，應該是我們這個社會還不夠資格被稱作「共同體」的主要原因。我們在追逐金錢的同時，竟忘了該學習如何做金錢的主人；我們在熱衷民主的行動之間，竟也忘了該努力做個「民主人」，而同等地尊重自己及他人。許多人往往恣意踐踏自己的尊嚴，而且無視於他人的存在，甚至無端地自外於這個人人理應不斷地予以認同、承擔並善盡責任的大社會。

在傳統道德意識主導下，我們往往以為「愛」是一帖仙丹靈藥，足以治癒人心的麻木不仁，並教人群不再冷漠，人情不再疏離。甚至認為「親親而仁民，仁民而愛物」，便能一路走向國泰民安天下太平。因此，處處可聞「愛」的呼聲，更不時舉辦尋找「愛」的活動。其實，這種垂直式的思考是否能讓社會人心在多元而開放的各種管道中不斷整合，不斷地向上提振，卻教人存疑。我們真的是缺乏「愛心」嗎？還是我們對「愛」的思考不夠成熟，導致我們表現一己情感的方式不穩定，而讓一股不安的氣氛瀰漫？另外，我們也往往將社會失序的原因單向地推到公權力不彰，而忘了守法的精神其實也是一種人同此心、心同此理的思考模式。所謂「公權力」原本不過是執法與守法二者相互為用的效力，如果人人將法律當成是身外之物，而不肯用「心」去理解它的意義，然後再以一身之力加以實踐，那麼，法律勢必形同具文，我們期待社會規範及早建立的共同願望也將落空。

情緒性的謾罵可以休矣！大家其實心知肚明，只是人人仍然不夠堅強，當群情激憤之際，我們的一顆心便跟著漂浮不定，甚至因此放棄自立自主的基本權利。道理人人會說，但同理之心卻需要良好的教育加以培養。如果連一條簡單的罰則都無法付之實施，都無法得到大家的認同，那麼這個號稱已然民主化的社會便可能自內部腐蝕而瓦解。同理之心是法治的基礎，而一味講人情送紅包的習慣是該有所收斂了。愛心無罪，然人情總是犯錯。

此刻，政府的言教也該適可而止。如今，標語文化和口號思維往往無濟於事。眼前是有許多空間可以讓人民一起自由地活動，只是紀律依然不明；當然，我們理應不斷創造思考的機會，讓大家能在共同思考之際平靜一顆顆易怒的心，好好來為共同的問題尋找解答，同時為共同的未來開拓一道不必擦肩磨踵的坦途。也許，當我們的警察能夠公平而順當地開出一張張紅單的時候，美好遠景的曙光才依稀可見。

一九九四、七

「公」字何時了

去年八月來，我人在哈佛，一方面不斷睜大眼睛觀察這個學術重鎮的人文現象，當然，看到的大多是「外國人」。而在另一方面，我也有一些機會和同樣文化背景和社會背景的人接觸。於是，我有了一項發現：此地從臺灣來的學生和學者之中，有相當多的人和「公」字有關。他們不是來自公立（國立）大學，就是由公立醫院、公家機構（包括政府的研究單位）派來的。他們都曾享受或正享用著公眾所提供的資源，其中，不少人還正享受著各種形式的公費，這分明是臺灣教育現狀在海外的一種反映，也是臺灣社會資源分配的自然延伸。像我出身「私立」大學，只能留職不留薪的情況幾乎絕無僅有。

「公」似乎等於「多」，而且人人有份。相對地，「私」就是「少」，甚至少到連一個人獨享仍嫌不足。這樣的意識型態在我們的社會依然佔有優勢，許多人拼命往公家擠，去找一個公職捧個鐵飯碗，分明是這種意識的直接作用，而那一些已經在「公」的勢力或地盤裡佔有一席之地的人，則往往比那些在私人公司或「私立」學校中工作的人擁有較多的資源，而且也較方便取得一些「方便」——這就往往滋生弊端，甚至產生嚴重的腐蝕與破壞。

事實上，一些「公」的型態已然製造了不公。臺灣的所謂「公家」往往就是「官方」的化身，甚至以某一種權力系統進行其不易為外人介入的內部作業，乃因此導致官民對立，彷彿「公家」是一個獨立於民眾之外的某些人的組合，於是缺乏開放性與包容力，這其實是和民主的大方向相違背的。

而臺灣雖擁有那麼多的公家，每一個公家又是那麼龐大（聽說臺北市政府就有七、八萬個員工，比臺灣最大的製造業——臺塑關係企業還要大），但卻未能相對的提供質量均等的公共資源與公共服務。理由何在？簡單一句：我們的公家並未對所有的私人、私家善加保護，且公平地對待所有的私人。因此公私之間不是界限模糊，就是私相授受，暗渡陳倉。甚至以公害私，運用特定的權力妨害民間自發的生機，於是造成私與私之間充滿不平等的競爭，同時公與私之間也有許多不公開不公道的往來。

是有人在公家之內予取予求，也有人挾公家之力向一般老百姓示威邀功，於是臺灣社會出現了世上少有的縱橫於民間的「特權」——他們很可能是個人，也可能是財團，更可能是通吃公私，橫跨黑白兩道的江湖人士。

公家理應是服務業。它至少得具備兩個要件：一、態度親民，並公平地對待所有的個人；二、講究效率，以開發公共的一切資源。因此，它一定得努力實現社會公道，特別是所謂的「分配正義」。不過，如果那麼龐大的公家竟縱容出那麼多倡狂恣肆的個人，而使得有限的資源無端地被浪費，社會正義也因此慘遭踐踏，則我們對這個社會的前景是難免悲觀了。

善於運用公家的一切，乃好事一樁。但就臺灣的現狀看來，如何培植「私」的力量，以使一切私人的智慧與財富都能為公眾所共享，似乎更為迫切。西方社會之尊重私己及個人，應是他們進步的主要動力。「私立」哈佛大學成為美國學術文化的重鎮，便是一個值得我們反思的範例。我們因此盼望在公共領域日漸擴大的同時，來自民間及個人的生機也能隨之壯大。而我們確實不能不揚棄這樣的迷思：「公」象徵好的，而「私」代表較差或較壞的。

一九九五、二、二十三

慈悲與正義

——臺灣宗教現象的省思與人間佛教的重建

中國佛教自太虛大師提倡人間佛教以來，經由在家出家二眾的共同努力，除了積極從事僧伽教育之外，並以各種方便善巧參與社會之改造及人心之教化，是已經在尊重宗教自由的臺灣社會開花結果，目前臺灣佛教的蓬勃現象正可印證人間佛教與現代文明是大有結合的可能。

在講究「無緣大慈，同體大悲」的精神傳統之下，佛教自覺覺他、自利利他的大乘教義實不失其豐沛之活力，而其悲智雙運、福慧雙修的實踐方向，則與當代社會中人我互動及各種權利論、價值論及真理論之根本意向遙相呼應。因此，當代佛陀弟子是應不斷追溯釋迦立教之宗旨，以實現佛陀追求四姓平等的至高理想為職志，全力進行一場和平的社會變革，同時在人人皆具如來智慧德性的基礎上，肯定人人皆可成佛——這是最最自由的平等，也是最最平等的自由。

然而，在臺灣社會底層的民間信仰以及科技掛帥、金錢萬能的功利思想雙重影響之下，人間佛教徒是不能不提防信仰的變數及心靈之異化。目前，在功德會林立的情況下，我們更須善解「功德」的意義。因此，在入世救世的漫漫長途中，急功近利的「速食」心態是應徹底禁絕，否則，以中道為本，以至於「真空能生妙有」的境界便可能成為永遠無法企及的目標。

崇奉多神的民間信仰十分重視現實意義的功德，乃一心求報，所謂「酬神」往往幾近媚神，近年來在社會投機之風及金錢遊戲助長之下，此一群體心理已全面瀰漫開來，這對善於警覺「有求皆苦」並力行「無相布施」的正信佛教實為一大挑戰。

此外，講求感應，誇示神蹟神通的現象亦層出不窮，一些依然夾帶古老巫術的宗教團體也仍舊大行其道，這一方面顯示臺灣社會人心的理性意涵尚待開發，一方面也暴露臺灣在現代化的過程中，腳步有些紊亂，導致精神文化資源越來越形單薄。身在人間心向極樂的佛教徒在價值理念如此混亂，思想意識如此激化的局面下，該如何尊重正因正果以成就正知正見，實為修學佛理的首要工作。

其實，佛陀說法之初，早已注意及當代人文學術普遍講究的溝通行動，其辯才無礙的氣象於是在各種對話和討論之中展現出來，這與現代民主與開放的思想主流正可互為啟發。因此，當代佛教徒是該不斷地進行自我反思，不斷省察思想與心靈可能之紛擾與過失，並不斷地與其他宗教信徒進行對話，特別是對民間多神崇拜及其中夾纏的心理意識，更須多所檢查。如此在上下迴向之間不斷詮釋經典，不斷地以修學實證的行動自我超越，自我解脫，則自能利益眾生，成就無量功德。而此無量功德自然有助於社會正義之具體實現，所謂「總攝菩提道，六度與四攝，漸入於諸地，圓滿佛功德。」（印順法師語）正是以慈悲與正義為主要內涵的人間佛教的目的所在——是個人人格的理想，更是社會一體進化的共同理想。因此，臺灣的正信佛教確實負有重大的社會責任，而該如何善用中國文化大傳統的儒、道二家之智慧寶藏，以及臺灣社會現有的人力與物力之資源，以整頓臺灣社會日益失序的人倫體系，以尋找臺灣在現實世界及文化理想世界之出路與遠景，也正是一心求正覺，求莊嚴人身與國土，而全力開發人性成就佛道的佛家弟子無可推卸的重責大任。

一九九五、一

臺灣宗教社會省思

臺灣雖無神權政治，但神明對於基層社會及世俗人心的控制力量仍大得驚人。進入一些大廟，舉頭便見一塊塊政治人物所送的匾額；每逢選舉，除了廟門外是喧囂的政見會場外，以廟宇為中心的輻射範圍往往便是選票的動向流程，宗教與政治在此暗暗結合。而一般之神明崇拜更操縱了人心的陰暗面，各種人生疑難雜症幾乎都可在神明面前攤開來談（究竟能不能解決？那些弟子是不加追究的），求神問神已成了許多人的例行公事，大把大把的鈔票堆砌成一座座金碧輝煌的殿宇（殿宇旁卻盡是破落戶，或竟是藏污納垢之所），也難怪神壇如雨後春筍般在大街小巷竄現，神棍假神威四處揮舞，成了最最現實的「反教育」。

如今真個是有神無道，而所謂的神也多未經過誠敬信仰的勘驗及純淨心思的體證。孔子說：「非其鬼而祭之，諂也。」人死神不滅，便成了鬼，也就是祖靈。宗族社會的祭祀有其嚴格的限制，各人拜自己的先人，各族祭自己的祖考，倫理於是有了較為恆久而穩固的基礎。

傳統宗教原有其人文社會的意義，但今日之神道卻已逐漸和私己主義結合，形成種種人神私通的管道，媚神之行徑處處可見。拜神之拜，如邯鄲學步，忘了人性本具的尊嚴；信神之信，只一味尋求慰藉，最後竟背情逆理，徒增無名的煩惱，連最起碼的自信也做不到。

神應有其神格，神格至少包含三種成分：絕高的智慧、絕大的意志及至善的人格。若以此神格來檢驗多神信仰中的羅列諸神，怕祂們大多會不及格。信神拜神的主要作用是為了使信神拜神之人的人格能有如同神格的智慧與美善，如果適得其反，那麼如此信仰就須再三斟定了。佛教的四大菩薩，各有其崇高人格的象徵意義：普賢象徵堅毅的德行，文殊象徵通達的智慧，觀音象徵廣大的慈悲，地藏象徵無窮的誓願。拜菩薩旨在學菩薩，人性佛性原一體；同理，所有由人設定的神明（當然，神明自有其先在性，如一神的創世說）自有其人所賦予的理想性格，而作為真福全福的賜予者，因此，宗教的積極意義不可為其超世的神秘色彩所蒙蔽，宗教應以人性為基點，以人的現世生活為其效力範圍，求人的生命的徹底改造，而始於與俗世對抗，終於向無窮的未來作無止境的開放與挑戰。

拜神信神的關鍵在「敬」，敬是純然的瞻仰與崇慕，敬能奮起自我、昇騰自我，其心理過程由凝注心思、淨化心思至於轉化心思，使人心得到真實的平靜，並以此為修心修身的礎石，向上再探理想世界，向下再造現實社會。例如民間所尊崇的關公，如今已成「商業神」，祂成為信義的典範，一方面維繫人心於不墜，另一方面則保持經濟社會免於敗亂，而若敬關公的商人不講信義，則其信仰的真實性就可堪懷疑，其所建立的神位神像就形同虛設了。

對於多神信仰，若站在保護民俗文化的立場，理應感同身受，當作一種彌足珍貴的宗教現象加以研究。但愛深責切，目睹各種滑稽荒唐的怪現狀，又怎能冷眼旁觀坐視不管呢？在此，願就觸目所及，試著揭發我們這個神靈遍在的社會所隱藏的問題，進而加以批判，並有所建議：

一、多神信仰每欠缺清明教理的宣揚，主其事者亦少作深刻的自我反省，而多以激烈狂熱的舉動進行人神溝通，終至於喪失理性，為幻象所惑，甘作鬼神的工具。

二、多神信仰有強烈的地域性，崇拜兩種神明的兩群人往往各倚神威，衍生利害衝突。多神崇拜難以形成一統的教團組織，對於信徒的生活乃難以發揮直接的指導作用。信徒的素質參差不齊，更予神棍可乘之機，大肆設廟立神，卻不見宗教救人救世的胸懷。眼中有神，心中卻無神；大量的金錢耗費，竟無法獲致相當的精神成就。

三、敬神不敬人，乃最為弔詭的宗教現象。面對神明，極盡巴結奉承之能事；面對同胞，卻無能尊重與包容，甚至時有破壞人際關係之舉，或妨害安寧，或擾亂秩序，或製造髒亂，或與黑道分子結合，進行人神共憤的勾當。筆者曾有如此的痛楚經驗：清晨四時，睡夢方酣，突為搖天撼地的炮聲震醒，數百公尺外硝煙瀰漫，火光蓋天，恍似置身戰場。天亮後，審視現場，一片散亂，犧牲尚在，而滿地炮屑無人掃，數日之後，全交由風伯處置殆盡。一間迷你小廟的落成儀式就使得周遭數百數千人不得安寢，可嘆執人法的警察竟不敵無法無天的神棍。

四、多神崇拜的儀式已嚴重地形式化，亟需再注入心靈的活泉，再作現代意義的詮釋。除了廟會活動外，冥想、靜坐及祈禱等宗教行為值得大力提倡，以減少功利性的條件交換，並避免群眾的無知被少數人利用。對宗教感不強的青少年，吾人應勸阻其勿進入狂熱的出神或入魔的心理狀態。在理性功能尚未有足夠的運作的時候，是不必過早和神秘境界接觸。

五、所有的廟宇應為清靜之地，以使出入其間者由身靜而心靜而身心皆清靜。寺廟須和世俗的政治經濟活動保持相當大的距離，不必不食人間煙火，但至少要和傷風敗俗的東西有所隔離。如今，常見神明面前一班妙齡女郎大跳豔舞。數年前，嘉義某地有間全臺唯一的朱熹廟（朱子公廟），平日香火冷清，但每逢朱子生辰，則人潮洶湧，竟都是為牛肉場而來，朱夫子若天上有知，不知該從何談心論性說理學？最近，一個傳統廟會活動上了電視打廣告，媽祖竟也為排行榜傷腦筋，這全是俗人俗念俗行，可笑復可悲！

六、寺廟不能只是老人休憩之所，它應利用其得自民眾的龐大資產來興學或舉辦慈善事業，近來已有一些大廟辦了圖書館，蓋了醫院，或成立了民眾活動中心，但仍未能全面推行。負責民政或宗教行政的機構大可主動出擊，使較為靜態的宗教道場能成為社會教育的主要據點，鼓勵知識分子介入草根的宗教活動，可能是提升傳統宗教並以教化人心的有效管道。

七、宗教由理性而超理性，其進路是曲折而迂迴的。一方面，可有超世的嚮往，其中或有浪漫、神秘、詭譎的成分，但不能任其暴露以驚世駭俗；另一方面，宗教要負起教化人心的重責大任。在此，所有的宗教都應有合理性的道德倫理，不可走偏鋒或抄小路。任何一種宗教的信徒都應明理通達，不能陷溺其中而妨害正常之營生，更不能故弄玄虛而停止知識的追求。

八、多神宗教無論其境界高低，都需加入泛神泛生的哲學思想，以擴大其心靈，開拓其視野，以免纏結形而下的詭秘意象而為其所祟。帶有泛靈意味的文學也可助長多神信仰的活潑性，不使其執持一端而當真作假以幻為實。至於一神的宗教或無神的宗教（佛教）更大可整合多神的分歧，或破除其諸多迷妄，進而貫注以無邊的大愛及無漏的智慧。

九、我們的宗教研究不能一直停留於心理學或社會學的層次，而應提升至宗教學及宗教哲學的水平，以整合各種宗教現象，去其病痛，並增進相互觀察交流的可能。批判宗教，不能從某一型態的信仰一路迤邐，或把判教的標準外在化形式化，而割捨了超越且豐富的信仰內涵。兩年前受洗為天主教徒的王文興教授最近在接受訪問時宣稱：「佛教不是宗教而是哲學。」「因為佛教沒有神，不能稱其為宗教。」這話很值得商榷，亟須宗教哲學的嚴格檢驗。由此也可看出廣設宗教系及宗教研究所的必要性，單有佛學院或神學院已不足以滿足宗教學術之需了。除了各教的傳道說法外，我們仍需聽聽宗教學者及宗教哲學家的意見。任一宗教皆須有應機教化及對根救治的精神，以使道並行而不相悖。在保障了宗教自由之後，允許對各宗教進行批判，正是開放社會開放文化機密以見人性實相的一道坦途。

此外，最可能妨害宗教知見，傷殘宗教心靈的當代文化產物有二：科學主義及享樂主義。它倆堪稱當代宗教的兩大敵人，左右夾擊，使得今世成了宗教的衰世（或稱「末法時期」）。長久以來，我們的教育充斥著科學主義，養成人人一套機械式的簡單思考：「科學萬能」，便接著力斥宗教為迷信。我們人文教育的失敗，科學主義的泛濫要負很大的責任。科學無過，但以科學妄斷一切人文學術的科學主義就是大患了。如今，該是扭轉此一教育走向的大好機會，所有的傳播媒體應大力配合，而不可再撿食科學的瑣屑殘餘。至於享樂主義，它最大的錯誤在於誤以假象為真相，並妄圖聯綴短暫的片刻成超時間的永恆。欠缺對人生苦痛的深刻體驗，一個人便很難發現人生的真相，而阻絕了宗教萌芽的生機。享樂至於不知自己尚可能受苦，不知世上尚有許多人在自己享樂之際正為各種痛苦所煎熬，如此不僅是愚痴，甚至是殘忍的行徑了。享樂主義製造了一顆顆私心和假心，它的後遺症實在大得可怕。

離苦得樂，超凡入聖，所有徘徊於神像佛像前的芸芸眾生都有可能得救，然必須有一個先決條件：人人須先進行徹底清明的自醒自覺。而唯有在理性和平的社會中，方有達成人人自覺的可能。一朝舉燭，盡破千年闇暗，人心的光亮若能彼此輝映，一切的危險和罪惡何足憂懼掛慮？希望我們的宗教社會能早日清明，則每一具疲憊的身軀便可常保雄健生機，每一副脆弱的心靈便可永遠堅強獨立。

一九八八、四、二十九

公義無涯岸

哭愛國同胞血流大地，恨專制暴君無法無天

一項極其強烈的控訴，含藏無限的傷痛與悲情。這是六四之後大陸一位年輕學者的悲憤之作，他不顧個人必然遭受的迫害，將它貼在所屬研究機構的大門口。我在一九九一年一月底和他相識於上海，深深地被他這種堅持公義的大無畏精神所折服，而他也同時慨嘆大陸知識分子的相煎相殘。

彼岸不止一位學者向我吐露一項殘酷的事實：中國共產黨在中國土地上所犯下的最不可饒恕的罪惡，不是民生凋敝，不是思想封錮，而是「人性的異化」。人與人之間的根本聯繫遭到無情的割裂，為了個人的生存（其實往往只是衣食的溫飽），甚至可以六親不認。目前大陸之混亂，乃是人心之混亂所直接呈顯的。所謂「社會主義」的生活型態，便是人人爭食一塊大餅，於是「大公」的理想為自私所掩蓋，看似合群的社會竟是無數鬥爭力量之僵持，處處是冷漠的場合，時時有衝突的場面。我在天津車站就看到許多買了有座車票的人為了擠進剪票口而大打出手，這現象在臺灣已幾乎看不到了。當然，善良的老百姓仍多的是，但那良善的本質在種種不合理的體制下並不容易突顯。

由學者的道德熱情到一般人性之異化，這種弔詭也同時在臺灣這個資本主義色彩濃烈的社會中出現。當然，民主法治的成果已為我們鋪下安定的礎石，以政治理由而大規模屠殺人命的可能性已趨近於零，而臺灣人守秩序的精神也比彼岸強出許多。不過，商業主義結合投機心態，已對此地的人心人性投下不可逆料的變數，特別是年輕一代的道德感正在逐漸淡化中，這恰和他們追求公平正義的行動成強烈的對比。而我們的群體生活雖已少了直接的衝突（至少個人與個人之間赤裸裸的揮拳相向已不多見），但冷漠依舊在。令人慶幸的是種種不合理的政經體制在不久的未來應可連根剷除，許多主張社會正義的社團也不斷發揮其催化進步之作用。最可喜的是民意的監督除了代議的管道之外，更有了自發而多元的途徑。最近朝野為二二八事件所舉辦的一連串活動，兼具感性與知性，已多少跳出泛政治的意識窠臼。這表明臺灣社會在公義的大旗之下，是踏實地邁出了一大步；對人性的尊重與對人命的珍愛，我們仍須多加努力多付心血，而眼前的成果與未來的方向都在兩千萬人的掌握中了。

在「自主的臺灣」這個極其現實的社會體與「統一的中國」這個遙遠的理念之間，我們應如何調整我們的作法，如何因應客觀局勢的轉變，確是十分嚴重的課題。當對岸一位學者說臺灣不瞭解「中國」的時候，我本能地回敬一句「『中國』也同樣不瞭解臺灣」；而當另一位大陸學者對我的問題：「為何你們不保證不以武力犯臺？」如此針鋒相對：「你們也無法保證不搞臺獨。」我只能在默然片刻之餘，淡淡地說：「這似乎是不能相提並論的。」所有這些看似敏感的話題，其實在人性與人命的天平上，並沒有什麼曖昧與含糊，因為只要公義尚存人間，我們又何必設定過多自以為是的界限與準則？知識有時錯，但事實不會錯；思想意識往往紊亂不堪，而血性良知則是永遠清明的。

兩岸交流勢必熱絡，在以各種力量支援彼岸的同時，我們萬萬不可越俎代庖。那已難以追考的懷鄉情緒就讓它隨風而逝，我們最需要的是冷靜的思考以面對種種現實的差距與隔閡。商業活動自有其規範，而文化活動也有其尺度，一切都須嚴守對等的立場，這是政治的公義，也是經濟與社會的公義。在所謂「全民意願」與「全民權益」之間，我們希望能以全民的力量在兩者之間畫上等號，而所謂「全民」應是臺灣這個社會中的兩千萬人，這兩千萬人的有機結合絕不可無端被解體，任何看似崇高的理念都不值得我們付出這麼巨大的代價。公義無涯岸，兩千萬人的堅持在此，十一億人的堅持也在此。

一九九一、一

新愚民

說我們這個時代科學昌明民智已開，大概沒有人有異議，但就臺灣現前的社會百態及人文現象加以觀察，我們是不禁要對所謂「民智已開」的光景感到幾分茫然。

令人氣餒的是：我們這個正大舉向二十一世紀進軍的社會仍存在許多死角，它們不僅與現代知識絕了緣，而且連一般之文化思潮也打不進去。譬如基層民眾的生活圈裡依然充斥各種非理性、反理性的迷信和禁忌，他們的精神食糧所包含的知性成分竟少得可憐，而這絕不是站在講臺上厲聲斥責「社會是非不明」便能挽救的。

其實，不是社會是非不明，而是社會裡有許多人是非不明。當然，置身複雜詭譎的臺灣社會，其中的是是非非實在難以判定；不過，只要善自培養獨立自主的思考力，一個人便不至於動輒受惑或盲從。如此，縱然這社會中存在著許多是非不明的事實，也不必然會隨之出現是非不明的人。

如今蠱惑我們思考的大敵已不再是「民可使由之，不可使知之」的封建，而是那如潮水般湧來的現代資訊——它們是製造知識的主要素材，也同時是一些「假知識」的幫兇。可以說，古代的愚民是要人民有所不知，甚至全然不知；而現代的新愚民則是要人民有所知，至少自認為有所知，且所知者已經其變造或作假。如此愚民往往不露痕跡，兵不血刃，這可以說是現代人的新招數；而除了那赤裸裸的權力機構外，就屬大眾媒體最擅長使用這項技巧了。

視聽媒體已幾乎主控了臺灣社會的信息傳播，它們正以驚人的繁殖本能向原本寂寥的公共空間發射強有力的音波，其中挾帶了數不清的真假和是非。單以臺灣數十年來的教育成就，要想擋住排山倒海而來的媒體攻勢，實在談何容易！而就算一個人已受過所謂的基礎教育，想在短時間之內解析那已然混雜知性、感性以及私己經驗的宣言、口號與各式各樣的情緒語言，並進一步辨明其中的條理脈絡和真假是非，更是強人所難了。

因此我們可以斷言，媒體才是臺灣教育的大敵，它們是干擾者，也是破壞者。如果我們繼續坐視媒體成為政黨或政客的工具（君不見那些電視或電臺的節目主持人都已準備投入年底的選戰?），那麼將不僅是臺灣的政治生態可能遭致嚴重的破壞，最可怕的後果將是臺灣人知的權利因此而被劫奪，這對臺灣政治民主與社會進化的前景是十分不利的。往後，除了努力維護思想與言論的傳播自由外，我們是不能不在更深更廣的文化機制中進行以真假是非為鵠的的公民訓練（其中泰半是思想的啟迪與行為的培塑），如此，新愚民（雖然尚未強化為全面之政策，但已經突顯為零星的短期謀略）才可能偃旗息兵，臺灣社會的更大的災難也才可能消失於無形。

一九九五、九

痛心疾首話教育

我們的政治生了病，我們的教育同樣問題叢生。此刻，政治的改革已有了新契機，而教育卻仍似一龍鍾老人，蹣著沉重的步伐。

由於威權政治挾其傳統勢力，已然對教育罩下全面的大網。解嚴之後，雖校園民主之呼聲不斷，當局也有了多項開明措施，但卻未能深入根本體制，未能徹底清除政治對教育的不當干預，故教育獨立自主之理想迄未實現。如今，在四十年來僅見的學運猛爆之餘，教育主管當局理應趁勢乘機，好好重建我們的教育體系，並注入新血，再造肌理，以培養壯大國家、復興文化的根本力量。

面對臺灣的教育現況，我們仍不得不重提「政治決定論」，甚至「國民黨決定論」。本來，把教育問題丟給政治或約化為政治問題，並非嚴正看待教育的妥當方式。教育自有其與政治極其不同的內涵，傳播知識自不同於權力更替，宣揚文化理念亦和進行政治號召有極大的分野。然而，四十年來在一元的權力主導下，一直維持以政治照管教育，甚至利用教育陪侍政治的格局，我們遂發覺我們的教育少了活力，欠缺生氣，也無更上層樓的雄大氣魄。因此，舉發「教育政治化」的黑暗面，乃成了時下針砭教育的主要著力處，而「教育失敗」的呼聲更隨處可聞。今後，如何釐清教育和政治的分際，如何使現實之教育回歸教育之本質與目的，如何轉化教育行政對教學管道之阻力為助力，如何使教育自成一自由而自覺的文化創造歷程，在在皆須全體教育界主動解決。片面的教育行政掛帥及由上而下的單向指揮系統，應立即予以揚棄。

西方教育所以成果豐碩而成為西方文明的樞紐，有一個主要的原因：他們不僅只有一套教育哲學，而且敢把教育開放給自由的思想市場，或觀念論或實在論或實用主義，百家爭鳴，不但沒有造成分崩離析的局面，反賜與教育源源不絕的精神活泉。看看我們國內，有關教育問題的討論往往拘限於技術層次，當局的變革總在枝節之間使力，於是教育的南針至今未定，我們的教育乃失去理想的光照，莘莘學子多成了無所皈依的流浪漢，流浪於時髦與自我之間，甚至搖晃在官能與聲色的激盪中。

有人批評我們的教育界有濃厚的功利取向，甚至有人性沉淪之悲象，這並不公允。教育自有其巍然聳立於塵囂之上的骨架，當然，世俗的風暴是可能對它造成相當的震撼。不過，我們認為教育中人應仍是最清最純也最堅持原則的一群。教育的成效之所以不彰，教育人的形象之所以被扭曲，歸根究底，實肇因於整個教育制度未能提供一片沃土予有志舌耕之人。西方教育上有崇高理念（甚至一位格之神）引領，下有足以解決實際問題的科學支撐，而中間還有政治與之偕行，及無數之社會團體給予贊助，難怪能大放異彩。我們的教育處境卻十分困苦，一方面有來自上方的宰制，另一方面則四處有人喝倒彩。對施教者而言，施教的自由空間不夠開闊；而對眾多的受教者，我們則尚未創造出一個足以塑造人格並激發潛能的良好環境。因此，當務之急是對教育問題進行透徹見底的思考，從教育科學以至於教育的形而上學，皆須我們集思廣益。少數人的黑盒子作業，必然百害而無一利。

我們一定要堅持這個顛撲不破的前提：任何的教育場所皆須以受教者為主體。而對受教者的尊重，並不止於父母對子女般的呵護。學校不等同於家庭，愛的教育須隨時注入知性的成素，以避免情性發展的偏向。中國傳統教育在道德的養成有其既有之規範，但這些規範若不重新加以詮釋，並再作評估，則其規範之效力必然大減。如何尊重受教者，不能只是「存乎一心」，而須有全盤的考量與設計。瞭解受教者的諸多意願，以創造一個適合他們潛心向學的教育情境，應是教育工作者不能或忘的主要課題。

承認受教者為一獨立之個體，並不必然導致多元紛歧的危機，因為就獨立性而言，眾多個體之間自有一致而可共享的資源。獨立而負責，其間理路甚分明。一切的秩序皆須以獨立之個體為基本單位，教育的管道不怕壅塞，如果其中之人都善能自知自立的話。

今日我們亟需對話。透過對話，一切問題便可在共識的基礎上進行解決。教育行政單位與教學單位不必水乳交融，但須有經常性的平等對話的管道，而教師與學生之間更須擺脫尊卑之身分，透過民主的程序，以共商課堂內外的種種問題。人不是物，而事由人造，如何拿捏好人事物之間的分寸，是須開誠布公，放下矯柔身段，而以尊重人性尊重知識的合作關係，共盼理想的實現。天下有不是之師，天下亦有不是之徒，共知有「不是」，乃能共求「大是」。教育是共求大是共斥大非的事業，教育的意義即以此是非之辨為核心。

國內教育有一致命傷：教育當局及社會人士對教師未有足夠的尊重。有些私校教師的境遇，已可用「慘烈」兩字加以形容。教師的薪資，尚未達專業人員的水平，也和工作量不成正比。小學教師的工作量實已到了令人吃驚的地步，而大學教授往往心有旁騖，前者堪憐，後者可歎，皆和待遇脫不了干係。政府將「公」與「教」相提並論，其實不當，兩者所提供的勞務，性質差異甚大。而劃定學校為公立與私立，不僅造成極端不公的現象，許多「學店」的出現，也與此有關。如何善用年年增加的教育經費，作最合理最公平的分配，並重新檢討學費政策，以使國人能更重視真正的教育投資，而讓敬業的教師能安於教室與研究室，實是迫不容緩之事。

教育即力量，而且是恆久深遠的力量。說臺灣社會的所有問題皆和教育有關，並不為過。教育不僅可使每一個人得以自我實現，它還可促成「社會的自我實現」。往後我們若有任何的成功，將都是教育的成功，而若我們能有光榮的勝利，那也是教育的勝利。上一代運用教育的各種善巧方便，點燃下一代的思想與情感，我們才可能有更好的明天。在年輕人紛紛走上街頭的時候，也當是我們痛心疾首話教育的關頭。我們不要活在過去的教育，教育應守住現在，望向未來。我們在教育圈裡踏了太多的小碎步，此刻是該大刀闊斧大步向前，否則我們將沉淪於死的教育中。

一九九〇、三

五角大廈

——校園現象的反思

一、陣陣狂飆

他們之間正流行著一種妖冶的新疾。跨上了坐騎，他們竟搖身成一去不返的烈士。他們正年輕，他們的生命正新鮮。一條筆直寬敞的戰備道路是他們日日火拼的戰線，血肉淋漓，不是為國捐軀，雖然他們暫把死生置之度外。怒吼的現代機器，怒吼出他們的無聊與空虛，而他們並非善於駕馭的騎士，一顆顆年輕的心竟無能當家作主，風馳電掣之際，悲劇一再發生，令人一再扼腕。他們鼓動的其實不是狂飆，而只是一陣陣急急奔流的空氣而已。

他們身在最高學府，強烈的使命感使他們走出教室，走出圖書館，走向人聲鼎沸的街頭。

學校當局因他們而頭痛不已，七個多小時的會議在他們肩上放下一支支小過——不輕不重的懲罰，卻已引起莫大的震撼。於是報上有了他們的大名，雜誌社邀請他們列席發言，他們儼然成為被迫害的英雄，一再高呼：「民主的老師加進步的學生，等於自由的校園。」於是有人搖頭，有人太息，有人嚴厲地質問：「何謂『民主』？何謂『進步』？又何謂『自由』？」一座座平靜的池塘於是因風皺面，而風究竟從那裡來？往那裡吹？思想的氣象臺仍在追蹤，他們的心海已有滔天大浪，風速風向卻仍是個未知數。

二、蠢蠢欲動

狂飆既起，空氣乃頻遭欺壓，我們的呼吸乃時感不暢，這都是所謂的時代的流行勾結熱烈的情愫惹的禍，而流行的意義何在？熱情的根柢何在？大家都說：「年輕人純真可愛，我們應接納他們而不是排斥他們，應教育他們而不是懲罰他們。」大批的警察出動，猛開罰單，而一大群馬路小英雄依然蠢蠢欲動，蠢蠢欲動的是他們一顆顆急速跳動的心；他們似乎已上了癮，如吸大麻，百哩的時速引他們躍入夢幻的世界，把冷冷的現實重重地甩向身後，連他們的身影也被高速旋轉的車輪輾碎了。

校園裡風吹草動，花木扶疏間穿梭的不再只是情侶與書生。他們披掛上陣，列隊前行，而實驗室裡暫時失去了他們的身影；教室裡，教授的言語也因風浮動，經典暫被擱置，時論上了講臺，黑板爬滿微顫顫的筆跡，一張張嘴巴竟有了火砲的威力。保守分子不見了，中庸之道顯得十分寥落，思想的兩極終演成行動的兩極，本是「相看兩不厭」的對峙竟被拉扯成矛盾與衝突。昔日的清淨充當溫床，白皙的臉孔在野火中相映紅，於是傳統再度成為過街的老鼠，在高亢的口號中有人揮手頓足，啊！一副修長的身軀是一支棍子，打向茫茫晨霧，而一面翻飛的旗正不斷有被風撕裂的可能。

三、自家本色

頗善於與自己心中的神交通的黎巴嫩詩哲紀伯侖說：「讓我們同歌同舞也同樂，同時讓我們也保持自我，像那共奏的音符一般，即使造成美妙的音樂，它們卻依然保持著各自的音符。」不知那震人耳膜的機器的叫囂能否是美妙的音樂？不知那經常以車輪替代雙足的小伙子能否以健碩的腳婆娑共舞？我們懷疑：在生活的迷宮中，他們如何能永遠保住和自己的親密？原來生疏、冷漠與空虛皆是背離自我的後果；而只要保有自家本色，人人便都是生活的英雄。我們需要真正的英雄，我們厭惡一切的英雄主義。在種種生活的場合中，堅持一貫的風格，我們當可高高立起人格的尊嚴，而生活的場合何在？一貫的風格又是什麼？難道群居終日才是在過團體生活嗎？難道炫奇逞能才能突顯本色嗎？

在此，我們可以很輕易地看出：有沒有創造力，有沒有獨對自我與世界的堅定與果決，才是決定你能否成為生活的英雄的關鍵。悲觀的叔本華曾經不悲觀地說：「如果心靈使人類成為創造的主人，如果知識使人類成為創造的主人，那麼就不可能有無害的錯誤，更不會有值得尊重的錯誤。」最最嚴重的生命的錯誤就是反心靈、反知識、反創造，它的結局是生命尊嚴的墜落以及生命氣魄的萎縮。在陣陣的狂飆中，讓我們突破共同的意識圍築而成的短垣，勇敢地深入生活的腹地，去尋找當初生命落種之地。我們不必在文明的表象中多所翻飛，是該努力挖寶，向神靈問明我們所以降世為人的來意；而神靈在人人心中，只要活得有尊嚴，我們便是誰也無法貶降的神。

四、少年英俊

在聳動的言語中，讓我們同時進行條理分明的推論。晦澀的字眼對心靈是有害的，如果它們如咒語般被一再唸誦的話。

首先，我們必須肯定校園倫理已成教育的支柱，苦心經營校園倫理者的一番善意是不容抹滅的。校園理應是世上清淨之地。任何校園皆有其水木清華，也各有其人文勝景。校園之清淨泰半來自窗明几淨的講堂，其中有白髮老者，有紅顏少年，他們都有一顆寧靜明白的心，或已滌盡俗慮或仍純潔無瑕。紅塵在外，他們暫時置身在理想的光中，偶爾望向窗外，不管臉上表情如何，他們絕不同於名利中人，縱有血脈躍動，還是一派純情，一股腦兒的希冀與盼望。

因此，我們不願見政治的尖鋒對立出現於教育場所，我們甚願見一處處講堂弦歌不斷，而讓喧囂狂熱的叫聲只偶爾昇騰於牆外。我們希望年輕人能潛心於系統的學問，而不要以零星的知識為火引，爆發種種鹵莽的行動。講究理性須先尊重人性，自由可不是身外之物，能夠孟浪得之。自由的莖幹在生活的篤實，而民主也不是供人摘食的果實，它的根柢在生命的真實。如果讓種種空洞的意念蝕空了性靈，則民主就只是政治的工具或眩人的口號罷了。當然，我們要讓思想的園地草木滋榮，是不必死死堅持「思想純正」的標準。如此，和諧的倫理中有活潑潑的民主，而那些高聲評論的年輕人也就不至於桀驁不馴了。

五、讀聖賢書

文天祥這一問著實問得痛切：「讀聖賢書，所學何事？」由於文字的障礙以及意義的阻隔，傳統經典已難以引起年輕人的興趣。無法使優美的傳統以現代的方式在現代種種生活場合中淋漓展現，未始不是一種教育的失敗。此外，欠缺意義的雙向交流，生活的創造便隨之遜色。

觀念如花，行動似果。我們都是觀念人，我們也都是行動人。一方面，我們須一起進入歷史，與古聖先賢神交於歷史的殿堂中；另一方面，我們須一起躍入未來，邁向未來的世界，甚至一起踐履夢境，一起收拾文明的甘果。

不知有多少隻眼睛從牆裡望向牆外？也不知有多少隻腳由塔底爬向塔頂？其實，今日我們的學府早已不是象牙塔了。就知識的傳播看來，社會即知識的工廠，學府只不過是較專業的一環而已。許多學生社會化的程度之高，令人咋舌；如今，我們在街上碰見一個不穿制服的年輕人，總是須費一番功夫才能判定他到底是不是學生。

在身心未經妥當的料理之前，要想單獨或成群地和崇高的理想照會，實在不太可能。牆裡牆外，兩種風光；塔底塔頂，一般心情。如果能夠善於利用一面面牆擋住外面的風雨，讓年輕人有機會從塔底步步高升，讓他們不僅能舒坦地面對他人，更能從容地獨對自我，並進一步以人文涵養天資天性，日日死，日日生，日日新。那麼，校園裡那些可能製造垃圾與噪音的活動勢必變得優雅文靜，而教室、實驗室和圖書館就不再冷清了。

六、人生義諦

說真理不存在，有著比一般的肯定更深一層的道理。設使真理和某些念頭草草結合，我們的心便有被污染的可能。在思想的脈絡之外，真理究竟存不存在，我們最好效法莊子「六合之外，聖人存而不論」，是不必急著編織捆綁真理的草繩。目前，我們能做到的是：面對人生百態，我們須保持高度的警覺，如此，人生的各種問題才不至於橫梗在前，世途也就不至於坎坷難行了。

錯誤乃人生之大敵，罪過不過是錯誤的另一種變形罷了。大體看來，致力於錯誤的掃除是比執意固持所謂的真理來得實在多了。在此，有三種可能的錯誤值得我們注意：

一、頑固：這是在思想的歷程中不敢或不願自我超越的後果。

二、偏狹：這是在心行的路徑上不敢或不願自我突破的後果。

三、激進：這是在情意的原野中不敢或不願自我把持的後果。

這三種錯誤幾乎經常出現在我們的言行之間，如同細菌一般無孔不入。錯誤不可免，但若一再犯錯，甚至一再犯同樣的錯誤，就屬愚痴了。希臘諺語云：「最丟人現眼的事情就是在同一塊石頭上絆倒兩次。」許多苦口婆心的教師便經常守在一塊石頭旁，專心注意熟悉的身影不斷出現。確實，人生並沒有多少機會可以讓一個人一再犯錯，生命是揮霍不得的，縱使年輕，仍然需要小心謹慎。

因此，有了認錯的勇氣及審慎的明智，我們才可能逐步發現人生的義諦。錯誤乃習氣凝結所致，而年輕人最大的習氣就是狂了。

功利、正義與情愛

這似乎是一項鐵律：利之所在，人人趨之若鶩。不過，什麼是「利」？「利」是什麼？則見仁見智，莫衷一是。

顯然，利與人性之好惡息息相關；人之所好者為利，而人之所惡者則為非利（害）。好惡與利害之間，其實存在著主客交互的多向度的關係。眾人好惡不一，而所謂「利害」不僅涉及價值觀的各種層級與變化，同時與各項主客觀條件彼此牽連。

是暫時不必去追究：到底是我們個人主體之好惡招來了利害？或是世上確實存在著「利害」惹得吾人心生好惡？事實擺在眼前，急功近利之徒到處是，而人們的欲望也不只是一單純的生理本能，而是連我們自己也難以駕馭的心理的傾向，甚至是精神的能力。

因此，在追逐功利的同時，是不能不作照應生命全體的省思。雖然無法為「利」下一確切的定義，但我們依然大有機會去瞭解生活中的各項變數——它們所以被認定是利或是害，是禍或是福，是吉或是凶，其實是以吾人生命個體的自主性與獨立性為取捨的基準。

如果我們有一副好頭腦，適時來個未雨綢繆，或未卜先知，那麼世上的一切對我們而言，便不再是不可知的神秘，也將不再猙獰可怖了。不過，我們的頭腦一直不夠好，何況我們又有一副心性，一種精神，以及深不可測的生命內裡——說它是靈魂，其實只是一項方便。

古人對功利的思考，便十分切合我們生命的一體性。他們始終堅持兩個基本的原則：

一、身心和合。

二、福德一致。

身心和合的基礎是陰陽和合，天地交泰，生命所以自強不息，道理在此；而福德一致是理想，更應是現實。因此我們不能片面的講利害，也不應把道德束之高閣，或將它當成聖壇上的祭品。原來「利」是生命自強不息的寫照，甚至可以說，生生大德即是生生大利，道德亦即吾人生活最大的利益。

《易經》首卦：「乾，元亨利貞。」〈彖〉云：「乾道變化，各正性命，保合太和，乃利貞。」《朱子本義》云：「此言乾道變化，無所不利，而萬物各得其性命以自全，以釋利貞之義也。」有生即有德，有德即有利，故保住生命亦即保住吾人全生之大利，這是世間最根本的利益，捨此，莫非小利，而小利總與小害如影隨形。基督宗教以愛德保守生命，並認為生命的圓成亦即幸福的極致，一己生命之存在無可替代，也無可交換。其思考與行動之角度及取向雖與中國生生哲學有異，但目的並無二致。

一、義利之間

就生命之一體性及終極性而言，義與利本同根而生。自古哲人相信：一切的實然與應然皆可經理性的思考，逐步地會通，而走向「凡合理的都存在，凡存在的都合理」的美善世界。《易・乾卦・文言》：「利者，義之和也。」人人各盡其義，各得其分，此即利之所在，所謂「生物之遂，物各得宜，不相妨害。」（朱子《周易本義》）正是義利和合的實際情況。不義則無利，利由義生，而義在人間，義在人生，義在人倫的合理的秩序中。

然而，義利之間並不必然和合。實然的世界確是充滿諸多詭異，而世間或幽暗或光明的關鍵便在人心。有一次，孟子去見梁惠王，惠王說：「老先生，您不遠千里前來，將對我的國家有很大的利益吧！」孟子答道：「王！您為什麼一開口便說利益呢？只要講仁義就夠了。」所謂「亦有仁義而已矣」，一句話便道破「義先利後」的根本道理，這在傳統的倫理生活中是不能放棄的首要原則。因此，如何養成獨立之人格以堅持人間正義，以保守人倫本分，便成為人生一以貫之的大方向，義利之辨不過是道德實踐的起點。朱子云：「喻義、喻利，只是這一事上君子見得是義，小人見得是利。」一是應然的道德知見，一是實然的利害思考，結果是善惡分途，禍福二路。

在西方，正義（Justice）與公益其實相輔相成。堅持正義即是為了維護公益，而只有在公眾利益受到充分保障的情況下，社會秩序才可能因不斷重整而不斷滿全。可以說，違反公眾利益，即是違反社會正義（Social Justice），社會正義或法律正義的目的便在促進社會利益的公正地發展，以保障社會每一分子的個別利益，並合理分配彼此應共同分擔的義務，所謂「分配正義」（Distributive Justice）及交換正義（Commutative Justice）的意義亦不外乎此。

古希臘人早就相信公正終究會帶來更多的好處（參見荷馬《奧德修紀》）。蘇格拉底直截地斷定「正義就是平等」（柏拉圖《高爾吉亞》），並認為製造不公正是世間最可鄙之事。亞理斯多德說得更實際：「公正，就是合比例，不公正就是破壞比例。」（亞理斯多德《倫理學》）而比例是理性思考的產物。主張嚴格道德自律的康德十分關切吾人是否能有自主自動的道德思考，因此他說：「做出正當的事，還是不夠的，必須從正當的理由來做事。」（康德《判斷力批判》）失落了道德意義，幾乎等於失去了生活意義，康德就如此斷言：「如果沒有了正義和公道，人生在世就不會有任何價值。」（康德《法科學》）。

如今，不僅吾人之身心已難得和合，人間正義更屢遭挫折，而福德之間也存在著多樣的橫阻。功利主義（Utilitarianism）似乎成為眾矢之的，其實，功利主義者是有幾分冤枉。他們追求「最大多數人的最大幸福」，大方向沒有錯，問題出在該如何確定那「最大多數」，而在找到「最大多數」之後又該如何去尊重少數（特別是少數中的少數，所謂的「弱者」或「弱勢者」）。此外，個人主義（Individualism）也經常被誤解或誤用，其實他們的見解很值得參考，尤其是對於一個一直不太尊重個人的社會，如何將豐富的生命意義具體落實在個體的存在上，而充分體現對生命的尊重，這理應是現代生活的基本課題。確定多數，可以經由民主的手段；但為了尊重少數及弱勢，就必須進行更徹底的社會改造。而在市場導向幾乎操控生活機能的當代，如何不斷確立生活的主體——我們自己，而不讓外物或外境所動所迷，實為一道活路，其中，生活的主體意識乃生命之支柱，善惡與是非的判斷便是讓我們作生活的主人的主要資產，所謂「吉凶禍福」也不過是個價值觀的問題。在生活的諸多變項中，我們不能沒有基本的信念。密爾（J. S. Mill）談功利主義，依舊照料到「福德一致」的理想：「大體說，人以為假如一個人做事做得對，他應得福利；假如做事做不對，則應得禍害。」（密爾《功利主義》）孔子「以直報怨」，道理其實是一樣的。也許，聖多瑪斯「適當的正義行為不過是使每個人都成為他自己」的理想，只有經由義利和合、公私和合等社會工程，才可能有實現的一天。

二、愛的倫理

若細究人與人的互動關係，我們可以輕易斷定：人是情感的動物。這樣的定義很寫實，但不完全，也無法藉此肯定人的特質及屬性。不過，如果繼續往人類情感的內涵挖掘，便將發現一股足以牽繫你我彼此的力量，它源自生命的最深層，它被喚作「愛」（Love）。有人喻「愛」為情感的海洋，有人以為「愛」實現了人類意志的自由，有人則神秘地宣稱「愛」導向無限的一，它化解了人間一切的對立與衝突。

在義利之間的各種複雜的事物中，人的社會性一方面使人成為獨立自主的，而且足以擔負責任的一個人；一方面又教人進入人與人的關係網絡中，讓自己與一切的他人共處共融。其間，義利的對決往往引來動亂與不安，而在法律規範、行動策略及權力運作之外，人們是不能不引頸企盼那屬己的資源，以使義利互惠，人我並存。愛就是那無可替代的人性資產，倫理的意義似乎盡在其中。

生活既是一大有機體，它自有活水滾滾來。其實我們大可不必理會現代生活中的各種機制、各種構造以及各種系統，它們大多是工商社會的產物，並為工商的發展服務，我們所以能夠有如此的勇氣與力量去拒絕這一切，只因為我們不僅止是理性的動物，也不光是情感的動物。理性或情感，只是我們用來瞭解我們自己的一種觀點或一種向度，我們不是什麼別的，我們是人，是連我們自己都無法下定義的一個人。因此，我們是大有機會可以不受情感的左右或被理性所設計，我們面對自己及自己以外的世界，是不必只有條件反應（Conditioned Response）。

所以在生活的世界裡，我們理應保有屬己的自由，而不必向物質世界臣服，或甘作生理本能及心理境況的寵兒。只因為我們能愛，所以我們有真正的自由，是心靈的自由，也是生命的大自由。當我們難免被物質、生理或心理條件所制約的時候，這世界並不會因此只是一個牢籠。愛使人人心心相連，這也不只是為了提供生活的美感或樂趣，其中的莊嚴曼妙，其實已足夠人人享用一生，並且繼續向前。愛是一股無可遏抑的力量，它對人生的建設性的意義在於奉獻與犧牲。捨身取義是愛，救人救世是愛，為公益而放棄一己私利也是愛。愛是義與利的黏合劑，在愛整合各種情感及各種利益的同時，所有的玄思或理論可以暫時按下。而如果傳統倫理仍有新義，便是因為倫理以愛為源頭，以愛為河道，也以愛為永不乾涸或泛濫的海洋。

三、共同體的意義

瞭解愛是大智慧，發揚愛是大善行。實現正義是愛的實踐，追求公益更是愛的滿全。其實，我們是早已活在愛中，如魚相忘江湖一般，我們也不必把愛掛在嘴邊或在胸前。

生活需要思考，思考生活的目的與意義，思考我們該何去何從，思考這個生活的共同體如何能有美好的未來。而我們唯有在愛中才能思考，才能共同思考，也才能共同行動，共同的思考與行動就是愛的最具體的見證。

當然，快樂主義者也有他們的道理。所謂「愛自己是一切愛的起點」，愛確實能助長自我實現，而帶來私心之樂；然自我實現的理想不能只是某個人或某些人的權利，它是凝聚眾人的意志並以共同的理性所營造的共同的希望。任何人都無法自外於這個社會以及這個人群，我們是大有可能從事共同的努力，以使每個人都大有機會去實現理想的自我，所謂「共同體」（Community）的意義就在此。

功利、正義與愛，三者之間其實聲息互通，只要把它們放在社會一體性的範疇中，然後用我們真實的心意去加以整合，那麼，它們便將與我們的生活緊密結合，而成為生活的主要養分。我們如果不只是期望自己能活得下去，而且還希望活得更好更有意義更有希望，則我們是不能不面對這三合一的生活課題。功利是必需的條件，正義是生命的骨架，而愛是那無時或止的循環系統，唯有三者合一，我們才可能做一個真正的現代人。

理性、生活與實踐

有人說：「生活就是一切。」如此強調生活的重要性，不僅突顯了「生活」是一無可逃避的巨大的現實，更表示在此一彌天蓋地的時空交錯之間，我們是不得不思考一個根本的問題：「我們究竟該如何活出足以發現『一切』的一切來？也就是說，我們到底可以如何實現生活的一切並創造生活的一切？」而這與「技術」的演練並無多大的關係，倒是和「意義」的思考十分貼近。

是人活著，這是無庸置疑的事實；不過，如何真正地活著，可就是一大學問。雖然生活的道路千千萬，但它自有其無能動搖的核心以及無可逾越的範疇。縱觀人類的生活的歷史，在複雜詭譎的風雲變化中，我們可以確定人們的「活路」基本上有兩條：一是理性，一是實踐。可以說，理性與實踐亦即生活之道，其中，滿滿是生活不可或缺的意義。

生活既是人類存在及活動的總體，它當然是多元而開放的，而且其中的內容也必然是充實而不斷趨近圓滿的。因此，我們面對此一龐大的有機體，首先第一件工作便是設法去發現它，去肯定它所有的一切——包括既有的、將有的以及可能有的一切。而「發現」不能不經由理性與思考，不能不在人自身的內裡去講究去探討，並進一步與周遭的一切不斷商量不斷周旋，以確定生活的重心及方向。

因此，理性是人類全體的共通所在，亦是任何個人藉以開發自我生命資源的主要的門路，理性的思考則足以助成人生的種種活動，並引領人類文明的走向，讓這兩腳落地的動物不再滯留於生活的平面，而得以一心嚮往精神的高空，人和其他動物的最大不同便在此。當代哲學家波謙斯基（J. M. Bochenski）如此論「人」：「人（而且也只有人）顯示了許多甚為獨特的特色，其中最特出的是底下這五樣：工藝、傳統、進步、與其他動物迥然相異的思考能力，以及反省性的思維。」（波謙斯基《哲學講話》，王弘五譯）波氏更強調人雖弱小，但他擁有一項厲害的武器，就是他的理智。人所以能成為自然界的主人，而且幾乎改變了整個地球的面貌，理由就在：人有理智。如今，人的理智（intellect）不僅為人類帶來無可計數的生活的實質內容，但它也同時引起許多亟待解決的時代的新課題。

在此，我們不必刻意區別理性（reason）和理智（intellect），但二者的差異仍值得我們注意：「理智指較高的思想活動，它導向知識與行動的聯繫及統一，理性則指抽象、比較及分析這一類思想活動。」（布魯格《西洋哲學辭典》，項退結編譯）其實，不管其間有任何的不同，理智與理性的根本屬性——思維（thinking）才是我們關注的焦點。而人類千年漫漫的文明史幾乎就是一部思維發達史，思維是盞歷史的明燈，理性的腳印則不斷延續向不可知的未來，它的過去值得我們細細省思。

一、理性的命運

西方文明自希臘哲學的智性光輝乍現之後，便一直企圖以理性為其思維與行動的根據及指標。所謂的「邏各斯」（Logos），便是宇宙萬象所以生發之道，亦即吾人生命所以完成之道。蘇格拉底首先揭櫫「愛智」的精神，將理性納入人性的範疇，而在人的生活現實中肯定思維的價值取向，與孔子「仁者，人也」的人文精神東西輝映。接著，柏拉圖的「理念」（Idea）更把理性推至極高明的絕對化的境地，成為美善的化身及一切價值的泉源。然後，亞理斯多德則以穩健的腳步，拓出了一片平坦而篤實的田野，建立了人類知識的基本架構，並同時展現了人生的恢宏氣象。

當然，理性的命運並不平順，正如人類的歷史充滿變數一般。其間，有神秘主義者奉理性如神明一般，如新柏拉圖主義者普羅丁（Plotinos, 204–269 A.D.）以為理性（Nous）出自太一（to hen），而太一就是至上神。到了中世紀，希伯來信仰幾乎全面籠罩歐洲大陸，使得西方世界在人神二分之下，一心追求理性與信仰的圓滿的結合。奧古斯丁和多瑪斯等大哲學家都志在人性的解放與救贖，而解放與救贖之道不外乎對人類理性的瞭解與闡揚，以進於與絕對理性互通聲息。如此，一方面肯定理性的有限的功能，一方面則秉持一神信仰，致力於解脫自我設限的理智的窠臼。

十五世紀的文藝復興風潮喚醒了更具西方意義的大腦，理性的呼聲再一次獨力地與一神信仰對抗，因而產生試圖銜接希臘傳統的人文主義，理性與懷疑便似乎成了一對雙胞胎。一方面，德、法的理性主義者在思維方法的內向運作之中發現了不可動搖的先天概念；另一方面，英倫的經驗主義者則以經驗的發現、累積以至於知識的學習為理性作了另一種注腳。到了十八世紀，大哲康德在前人的引領下，以其創造性的思考提出了四大問題：

一、我能知道什麼？

二、我能做什麼？

三、我可以希望什麼？

四、人是什麼？（參見鄔昆如《西洋哲學史》）

由此，康德大刀闊斧地批判人類的理性，並以其純粹理性與實踐理性的對應課題，試圖釐清知識與實踐之間的差異與弔詭；他終於肯定人為一思維主體與行動主體，特別是對人生的道德實踐，康德用心良苦地設計出一套道德哲學。流風所及，二十世紀的哲學家都對「理性」有所不滿，但也都擺脫不掉「理性」的糾纏。存在主義者的先驅祈克果與尼采等人，或是以個人的存在向「理性」宣戰，或是鼓其生命創造力對任何思想體系進行空前未有的挑戰，其實，在一片反理性的運動中，理性卻更赤裸裸地躍動於人間，韋伯的「工具理性」和「價值理性」二分，幾乎成為人文學術的金科玉律，而種種合理化的思考與行動，更是當代社會所以奔馳向前的動力所在。也許，如何由理性導向實踐，由思維而行動，由屬人的一切展向無垠的天地，正是那一把生活之鑰。

二、實踐之道

除卻西方哲學的優勢，東方文明則隱隱然以更貼近生活的門徑，高舉其實踐之道。實踐是生活的實踐，生活是實踐的生活，理論不過是進階，重要的是該如何步步落實，步步向前。

中國人生活信念的南針——《論語》開宗明義第一句：「學而時習之，不亦悅乎！」充分顯示中國人愛生樂生的積極態度，而其中的一貫之道便是實踐之道；實踐是永不止息的學習，這也就是快樂獨一無二的泉源。

當我們歷經理性的摧折與磨難，在純粹理性、理論理性、技術理性及實用理性的曲折蜿蜒之餘，我們最後的目光和腳步是該一起落在「實踐理性」身上。所謂「藉助知識的開拓以完成一己心性之自覺，並表現意志的自由，發而為道德的行為與實踐。」（成中英《知識與價值》）這也正是生活的實現與創造。

縱然現代生活包羅萬象，但我們是不能不向孟子學習「萬物皆備於我」以及「當仁不讓」的生命氣魄。不管環境多亂，我們這一顆心絕對不能亂；不管環境多髒，我們這一顆心絕對要保持本有的清淨。「何期自性本自清淨，何期自性本不生滅，何期自性本自具足，何期自性本無動搖，何期自性能生萬法。」（惠能《六祖壇經》）心量廣大，無物不容，這是襟懷與氣度；而肯定吾心自足，不被所謂的「本能」或「需求」牽著鼻子走，方才是頂天立地的大丈夫。此外，在一味從事各種「製造」業的同時，我們那「取之不盡，用之不竭」的生命活泉又怎能無端任其窒塞不通？回歸本心，把持一心，原是人文創造的秘訣。

現代人理應是自能當家作主的，不然，「現代」又有何光彩？心性的自覺與心靈的開放總是成正比例，而在開放的同時，保守的取向如果是向真實的生命，向落實的生活，向一切活潑潑的生意，這更是值得我們斟酌再三的智性的果實。為了擺脫命運的迷思，我們所從事的各種努力，理應在開放與保守之間求得起碼的平衡。當然，現代社會的詭異不一定是我們可以立即警覺到的；但只要通過實踐的檢驗以及內心的省察，人到底是充滿希望的，尤其是廣大的生活領域正如一大片的熱帶雨林，其中生機旺盛，值得我們放下身段，親身去探險。不過，我們最大的敵人不是虎狼蛇蠍，而是我們自己。西班牙哲學家賈塞特（Ortega y Gasset, 1883–1955）的發現值得我們注意：「當你內心感到：在我們這個時代有一種相當特殊的現象是外來的和無法闡釋之時，這表示你內心的某種東西要衰退了。所有的個人有機體或社會有機體中，都有一種趨勢，有時候這種趨勢變成奢逸的欲望，放開永遠革新的現在，由於惰性，再恢復過去和習慣性的東西；這是一種使自己慢慢衰退不中用的趨勢。」（賈塞特《哲學與生活》，劉大悲譯）

三、生活的真理

否定生活，那是蠢人行徑；而高抬真理，卻極可能是狂者作風，這對理性不一定心存敬意，而對生活卻往往不利。關於真理的思考理應回歸理性，回歸生活，回歸一切的實踐。但「實踐」不能流於一種口號或一種意識型態，它須在文化的演變過程中逐步呈顯其意義，理性的功能也須同時被放在人文化成的歷程中來觀察。「理性的批判精神只能在文化演變過程之中發揮正面的效果，而不能脫離文化用本身的力量創新一切的價值。假若有一個人認為他的『理性』比所有的人都高、都多，所以他要用他的『理性』創造一個全新的價值系統，這個人將是毀滅文明的暴君。」（林毓生《思想與人物》）看看那一大片頭頂「東方的太陽」的土地，我們對所謂「真理的代言人」的認識，是不僅真切，而且痛切！

真理即是生活自新之道。因此，與其一味標榜真理的永恆、普遍與不變，倒不如多注意真理的連續性與共通性，而真理所以能古今連續，裡外一致，並在眾人之中獲致主體際（inter-subject）的相互性與共通性，其中緣由不外乎人的理性多方的運作，以及人的實踐彼此合作。所以我們是大可自信滿滿地說：生活就是一切，不過，這一切不能反理性，這一切不能不實踐，這一切包含了無盡的思考；其中，自有真理似光，自有一個個的「人」在光中現其全身，而且不斷向一個個的「人」照面走來。

第三部 文化觀摩

——若文化是座廟，那我們便都是亦步亦趨的朝香客，有人一臉虔誠，有人卻徒然高舉著一炷香。——

文化的棄嬰

孩童原本是大自然的寵兒。他們在吾人生命繁衍的進程中佔有首屈一指的地位，且往往成為一切希望之所繫。然而，在現代社會文化的巨輪一往直前的滾滾塵土下，他們似乎已流落成「未開化」或「待教化」的弱勢族群。

我們的文化現象充斥著成人的玩意兒。本來，中國文化就有早熟的毛病，因此，我們的社會往往提供給成年人許多獲取特定權力的機會，卻沒有同時創造足夠的空間給孩童去馳騁競逐。

孩童自身乃先天本能與後天學習的接榫與關鍵。如今，這兩者之間卻有了無法咬合的間隙。萬千小生命擁擠在不夠寬敞的場地裡，或被餵食，或被安排，或被設計，甚或被欺被壓被榨。成年人拚命製造令人眼花撩亂的商品，而孩童如飛蛾般撲向可能焚身的火光。這比喻或許誇張了些，但那種種幻象所鋪陳成的繁華，對孩童的威脅與傷害，實在隱藏有令人怵目驚心的生命危機。

捉迷藏原本是一種遊戲，但在大人精心設計之下所展現的，不僅是一條長長的食物鏈，而且竟如叢林般到處是魑魅魍魎。所謂「快打旋風」，其實不只是手指頭的連續動作，甚至是打殺、破壞與戰鬥的大集合。一個意念或一個按鈕就可以置「人」於死地，其間，已看不見人與人之間的合作與協調，也聞不出無邪的天真及令人憐愛的憨厚。

確實有了難題待解。我們的教育一方面放任出一大片原始林地，所謂「放牛吃草」是不爭的事實。另一方面，我們又有特定的機制與工具，專為培養某一種學歷或資格而設計。其精細的程度，真令哀哀群黎無所遁逃。吃得太好又太飽，胃的消化固然負荷不了，而學得太多太雜，不僅腦細胞應付不了，連一顆顆真純的心恐怕也會受傷。

整個夏天理應充滿孩童的歡笑，但在一片叫賣聲中，已只能在少數特定的場所可以找到一份真性情或一點新生機。我親眼目睹一個十歲的孩子日日遊走於各大補習班之間，心算、速讀、美語，外加鋼琴教室，連清涼的游泳也得冠上「訓練營」的大招牌。這其中似乎也隱藏大弔詭：未開化的族群竟搖身成啟蒙運動的主角，可悲的是他們卻只是大人手中把玩的試驗品。

自由與放任的分野——仍然大可辯論。如何在遊戲之間建立起規範，如何在精英的栽植培育計劃裡，加入邊緣生態所包含的質樸生命，都是值得我們思考的。是不需要特別為孩童成立一個主管部門，就把孩童的一切交還給孩童，而運用我們已然茁壯的社會力量，從中間階層同時往上向下作紮根與拓展的工作。「交通博物館」是個小範例，種種以孩童為對象的基金會則是更可期待的文化種籽。

面對孩童，正視孩童，同時尊重孩童。懇請我們的大人少一點苦心或美意，而讓孩童多一點他們自己的天性與熱情。動不動就擺出教育的食譜，或更冠冕堂皇的抬出文化的幌子，生性畏怯的孩子準會被驚嚇到。如今，我們不僅欠缺硬體的建設，軟體的活動內容更是匱乏。一次為期數天的活動，熱鬧之餘，似乎掩埋了不少心靈的垃圾，但未能因材施教，就好比沒作垃圾分類一般，而且對再生與循環使用的價值也忽略了。因此，面對大腦已快速發達的下一代，大人們是千萬懶惰不得。

最最令人憂心的是我們的孩子成天盤桓於社會的次文化中，他們過早接觸到大人的世界，一大堆的媒體訊息正向他們傾銷，有時，自家父母竟是違反公平交易法的罪魁元凶。因此，說他們是「文化的棄嬰」，實不為過。只是在這個問題如冰山一角初露之時，我們的警覺性總是不夠。眼前到處是人為造作的大本營，對於所謂的「森林小學」，我們對其成效仍持保留態度，因為如何為人性中的自然與社會裡的人為畫下等號或不等號，實在是大費周章之事，而想進一步將兩者牽連為水到渠成的生命大業，則更得從長計議，畢竟人與樹木不可同日而語。

在此，最想說的是：孩童需要我們的關愛與尊重，欠缺尊重的關愛對他們所造成的傷害，顯然難以彌補。

一九九二、十

本土化與平民化

最近，執政黨內部有一種聲音出現：為了使執政黨不流於「獨臺」或「臺獨」，應以「平民化」取代「本土化」政策。因為「本土化」是一種省籍意識型態及地域觀念，而「平民化」則是一種走入群眾，深植基層的作法。

本來，這可能只是涉及執政黨內部流派之爭的說辭；但是，如此避諱「本土化」，甚至誤解「本土化」的心態，卻令人憂心。在此，筆者無意與現實政治有所牽扯，只願儘量尊重「本土化」一詞的真實意涵，作些觀念性的澄清。

哥德在他的名著《浮士德》第一部裡說了這麼一句話：「所有的理論都是灰色的，只有生活之樹常青。」針對臺灣現狀，我們也可以仿造一句：「所有的意識型態都是灰色的，只有兩千萬人所棲息的樹林常青。」如今「命運共同體」的頭銜已被普遍接納；但是它的內涵卻仍出現諸多紛歧與弔詭，因為我們的共識仍多只是抽象的，只停留於理論的認知，而尚未能與生活的各種行動結合，亦即尚未深入你我彼此交流的情意之間。

如果，把「本土化」還原到文化範疇，那麼它被政治意識污染或扭曲的機率將大為降低。利用「本土化」來營造朋比之私，或反對「本土化」去構作虛幻的圖象，都是不尊重文化不珍視本土的行徑。「本土」不等於「省籍」或「地域」，它是真真實實的生活的礎石，是我們所共同擁有的生命的總體。就臺灣論臺灣，就中國談中國，都是一種「本土」，都可以揭顯「本土化」的真諦。因此，本土化無關統獨，而平民化也無法完全替代本土化，這是兩個只可能有交集而不可能完全重疊的概念。

若就生活範疇，來觀察本土化的實踐歷程，則本土化必然展開深入文化基層的行動方向，這就是所謂的「草根」，而它也必然與群眾息息相關。蔣夢麟如此闡述農復會的工作精神：「我們的眼看著天上的星星，腳踩著地上的草根。我們向農民學習，不以幻想教農民。」當前的臺灣文化與中國文化似乎有逐漸被扯開拉遠，以至於彷佛草根與星星之間般難以對話；其實，我們都腳踩大地，頭頂高天，我們是有能力在臺灣的現實之上構建那足以包容「中國」的殿堂；甚至，我們應該從腳下出發，走向世界，大可不必因置身蕞爾小島而自慚形穢。

當然，本土的文化並非都是精緻文化，其中仍然有許多粗鄙的成分。但只要我們睜眼看清周遭的一切，我們是不能不有一份難以割捨的情感，以及一種無能自已的關切，縱然眼神迷離，視線模糊。還好，臺灣這個生活體依然生氣蓬勃，依然閃現著異樣的光彩。在美日次文化大舉傾洩之下，我們的傳統並未因此全然萎縮，一些可敬的文化工作者是那麼信心十足地在小小的平民生活圈中，仔細琢磨著草根文化的璞玉，譬如：看似俚俗的車鼓陣，或狂野的乩童作法，竟能為舞蹈家所賞識，並進一步研磨出一種新的舞步，而為我們的民族舞蹈注入新的生命。

一代大儒唐君毅認為「無遮攔」的觀念與心態是中國文化的一大病痛，它與共產主義所以猖獗於中土有密切的關聯。由於漫無遮攔，所以好高鶩遠，所以捨近求遠，所以不尊重屬於自己的傳統與鄉土。如今，臺灣是我們的遮攔，也是我們生活的護欄。如果中國文化可以起死回生，可以再現精緻的光彩，我們是只有守住這個兩千萬人共有的護欄，以精準而真確的腳步，迎向共同的未來。中國文化的空調，可以用臺灣兩千萬人的存在加以填充，而中國文化的虛萎無力，則可以經由兩千萬人的生活現實（其中有真實的生活與思維）予以提振。在虛假的大中國意識極可能傷害我們兩千萬人的時候，那些漫無遮攔的毛病是該改了，否則，怕我們連腳根也定不住，而我們生活的林木就極可能因此枯萎。

一九九三、五

迷思與反思

最近有人喊出這樣的口號：「尋找臺灣的生命力」，確實，臺灣社會是內蘊著無窮的潛能，而臺灣的生命畢竟是年輕的。橫向看來，臺灣社會積蓄著多元的經濟力、政治力、社會力及文化力，前二者更是湧動不已。然而，從縱向看來，臺灣的生命力應包含思考力與行動力，以及這兩種力量的通貫與統合。如今，臺灣社會充斥著種種荒謬，且儼然蔚為大觀，騰笑國際，細究其因，不外乎兩千萬人的思考力無法淋漓而出，導致行動交錯紛歧，甚至衝突抵消。

是有種種迷思如一大片陰霾籠罩著這個島，於是個體的自覺不足，集體意識乃有空洞化虛假化的傾向，如此，又如何能以共同的批判引致共同的行動？稍加檢視，便可發現：至少有三種迷思困惑著兩千萬人的心和腦。第一是政治的迷思，包含政治的神話和謊言。搞政治的人不少，而懂政治的人幾希。爭逐權力之徒奔走於臺上臺下，而設法消解權力以加惠全體人民的政治人物卻為數不多。第二是經濟的迷思，說白一點，就是發財的大夢，它已嚴重地摧毀許多人的價值觀，或以投機為樂，或以炒作施威，或斤斤於錢幣的數額。第三是環境的迷思，環境分自然環境與人文環境，此一迷思切斷了人與自然環境的聯繫，同時擾亂了人與人之間的關係，而兩方面同時呈現荒漠的景象，環境倫理及責任倫理似乎都已難以建構。於是大多數人都活得很辛苦，有的人甚至活得很無聊，種種休閒生活的怪現狀只不過是冰山一角，甚至治安問題也逃不出此一情思及心理的範疇。

該是兩千萬人一起進行反思的時候了。首先，是得對我們的教育進行反思。為何我們的基礎教育仍在技術及體制上打轉而未能進入生命精神的核心？如果受完基礎教育之人仍無法成為一介公民，仍無法具備一個現代人及民主人的素養，那麼，說我們的教育失敗倒是有充分的理由。反思教育以改革教育，實在是打破政治迷思的不二法門，這項不算長期的投資確實值得加快腳步進行。接著，徹底反思我們的文化，將文化的理想真正落實，乃是擊碎經濟迷思的根本之道。我們實不必汲汲於正名：「臺灣文化」與「中國文化」同是我們安身立命的資源，如何開發如何吸收如何轉化，亟需每一個文化人全力以赴。我們最應關切的是：我們對美善的信仰，我們對真理的認知，我們對倫理的規範，我們在藝術創造上的表現，以及我們對行為的陶冶與養成。將來的文化建設若未能統合這些文化範疇，則其規模能否恢宏，效果能否持久，就大可質疑了。此外，對於未來前景的反思，其前瞻性可以料理我們凌亂的腳步，而其全幅展開的向度可以攻克環境的迷思。在此，最該避免的是片面的思考及封閉的心態。所有環保運動需由科學頭腦及人性關懷帶領，而不能流為喪失理想的功利性舉措。一切解決人的問題的方案，縱然自小我出發，也必須以大我為前提，而以無我之精神為最高的指導原則。

迷思一定可解，反思一定可行，問題在：為迷思所纏縛的人無能自覺，無能跳出自設的陷阱。因此，如何展開普遍而深入的思想教育，實在是發揮全民思考力的關鍵所在。我們是該聆聽哲學家維根斯坦的高論：「如果我們能提出一個問題，那麼，我們也就能回答它。」以問題為導向，任人人之思維自主地運作，則一切之形式與規範自能生發指引行動的意義，如此，我們便可擺脫「思想統一」的噩夢，並認清「思想純正」的弔詭。在這曙光乍現的世紀末，有了思想的武器，有了心靈的警察，兩千一百萬人便將大步迎向燦爛的前景，縱然眼前有荊棘待斬，有難關要度。

一九九〇、十二

天理與人心

中國古代哲人一心嚮往天理流行的世界，這不僅是道德理性正面的宣揚，心理情感的調適上遂，更是群體潛意識的共同標的。不論中國文化在現實的人生中遭遇如何的挫折、阻絕或羞辱，此一隱喻社會正義的總體實現的象徵，至少存活於少數的心靈，似一縷幽光，在野風中閃爍地堅持著。

我們這個時代已不再著意於傳統的教化，而代之以種種的行為規範。這本來是可以交付給現代教育去形塑、去建構的社會化工程；不過，由於中國人一直欠缺合理性的思維，因此在「天理」不再令人敬畏，也不再引人崇拜的時候，我們的處境便益形艱困，甚至尷尬地夾在矛盾的情結之間，將一副身軀當作現代荒謬劇的道具。

就拿臺灣社會的次文化作例證，某一些人的行為取向或某一群人的禮俗格套已經荒唐到十分不理性的地步，這些怪誕的現象已然不是「人心不古、世風日下」寥寥數語所能斥責的了。如今，一些知識分子競逐文憑已到了不擇手段的可鄙與無恥，他們甚至公然賣弄一張張不怎麼真實的證書，以便取得一定的權勢與財富。在此，我們不得不問：為什麼一個曾經以天理為標竿，以禮義為典範的民族會經營出這樣的社會，而給這些所謂「文化人」如此地反心智、反文化的機會？

再看看一般無緣享受精緻文化的基層民眾，他們習於種種利用傳統之名的流俗與生活的慣性，甚至被新時代的集體的商業主義所控制，而無能自主地開創自己的生活新境。如此一來，我們的次文化是不止於「次」的階層，而是已經淪於「劣」等的田地。我們實不忍心苛責那些沉湎於熱烈情緒而因此減弱自由意志的人，因為他們是已作了無謂的犧牲。他們在神明面前以裸女的猥褻當作獻祭，逼得羞怯的村姑牽著稚子走避，這又是誰作的祟？誰搞的把戲？幕後是一定有黑手，只是黑手不止一隻。

目前，臺灣已有許多人熱衷於抓黑手。然而，最大的弔詭莫過於黑手藏在暗處，因此不容易抓；而且黑手無數，甚至草木皆兵，無手不黑，抓與被抓之間還真難辨別。我們是玩夠了官兵抓強盜的遊戲，而天理昭昭，彷彿是遙遠天邊的一顆明星，正對我們瞇眼冷笑。姑且就周遭的人事物而論，我們的世道人心也已不再是面明鏡，其凹凸不平的光景，不僅是社會正義的大敵，更使得我們的文化生態起了諸多不合理的變數，至少對傳統的處置與對當代的回應，就顯得急躁不安，甚至自亂陣腳。

暫時放下知識的包袱，同時將天理良知束之高閣，我們是仍然可以料理群體意識——所謂「世道人心」；其中，我們可以輕易發現，人人都可能罹患兩種心病：其一是單元心態，其二是簡易思維。因此，大家似乎都欠缺耐性與細心，而這兩樣正是一個文化人必備的涵養。原來激進之徒與倖進之輩是一丘之貉，他們都因單元心態而封閉了心靈，也都因簡易思維而喪失求知的熱情，以及對學問的尊重。環顧我們的文化處境，如果有所謂的戕害文化的黑手，那便是一隻隻只關不開，只入不出，只是奪取而不給付的小手。當然，我們已不太需要一隻大手來為我們效力，自命天縱聖明的教化者，也已不可能把「天理」據為私產。一個開放的社會，它最重要的資源是無數的開放心靈；而我們這個文化尚在開發中的社會，最大的問題便是越來越多的知識分子並未負起應盡的責任。堅持需耐性，思維要細心。在朝野對教育與文化都欠缺誠意的情況下，我們只能自求多福，而真實的自覺唯賴吾人自主地進行自我生命的充實與壯大。眼睜睜地看著一群大學生對準教育部大丟雞蛋，真是情何以堪？問天天不應，而我們又該向誰要答案和解決之道呢？也許，只有人向人，心對心的溝通，才可能讓我們的警察不需要使力氣去抬人，而我們的年輕人也就可以息怒了。

一九九四、一

大同小異

兩岸的文化交流似乎一直無法「正常化」，因其中有個解不開的結：官方不接觸，政治難定位。

雖然文化可以超乎政治，文化人的活動不必然涉入權力的運作；但是中國的知識分子總不願見人間混亂，總是在尋找一種足以安身立命的秩序，以及諸多法則以確定行為的模式。目前兩岸的文化人所以在夾縫中設法掙脫有形無形的束縛，所以不斷沖決四十多年的對峙所鋪就的網羅，其用心不外乎此，而其情十足可憫。

當然，首先釐清文化與政治的分際，並採「文化優先」的立場，對兩岸的互動完全無害，而且十分有利。不過，也不能片面標榜文化人的清高與超然，因為文化的活動往往是有組織、有目的而且有特定意向的巨大事業，何況彼岸的文化人是很可能扮演另一種型態的政治人，看似無心地喟歎繞道轉機的旅途勞頓，此岸的聽眾難道能跟著大起共鳴？摸著臺灣鄉下小學生的頭說：「這是祖國未來的希望！」我們是難免對所謂的「祖國」產生歧義。此外，此地的文化掮客奔走兩岸之間，他們的辛苦大多不是來自漫漫長途，而是試圖在那個龐大的政治體中打通關節，打開出路，所不得不付出的代價。彼岸所提供的旅遊指南還算差強人意，但卻一直欠缺一份完整的「文化指南」。

文化不能沒有主體性，然長久以來，中國文化的大旗高高豎立於這個島上，是已經多少傷害了兩千萬人在現實文化中必須建立的自主、自信與自尊。中國文化可以毫無遮攔，但臺灣的文化人則不能沒有一種屬於這塊土地的堅持。特別是許多文化產品本身已經受制於一定的時空，以及特定人群的生活觀念，因此，當兩岸進行文化產品的交換之際，我們是不能不先行批判性的解構，以作真正的解讀與賞鑑。坊間已可見簡體字的形影，我們的圖書館也已大量搜購彼岸的出版品，但有關於彼岸文化成果的探討，以及對那些早已摻入馬列主義的學術著作的評析，仍嫌不足。不同的文化的內涵與思想的精義須作轉譯，須加詮釋，否則一頭熱的情況極可能導致寂寥冷清，如彼岸的芭蕾舞團終究激不起此地草根的萌芽，到頭來只是一場秀而已。

此外，在大談關係、大作交流之際，我們是不能不隨時保持頭腦的清醒，以便看清理想與現實的界限。文化總難免有理想的氣息，但許多現實的因素是可以助成或妨害文化理念的體現。也許，「大同小異」的觀點對兩岸都適用。「中國文化」屬大同，而臺灣與大陸是小異——理應平等對待的小異。至於交流的方法、技術與進程，並非難題，我們應逐步形成共識，以建立規範與協議。

文化幾乎無所不在，因此，一年百萬人次的往返，亦即兩岸文化的輸出與輸入。每一個人都可能是兩岸文化交流的使者，而每一個人所揀選並帶出帶入的生活理念或生活用品，都可能影響兩岸文化的共同的未來。思想意識可以當先鋒，而文化的融合大可壓陣。不過，無論如何接觸如何交流，就現階段而言，兩岸依舊是兩岸，一水之隔，正好讓我們彼此觀照，彼此瞭解，彼此合作。

一九九三、一

信仰與妄想

臺灣最近又上演了一齣真實的人倫慘劇，一名二十九歲的婦女於八月二十五日下午將五名親生子女帶往金山外海溺斃丟棄。此一違背「虎毒不食子」鐵律的弒子事件，竟發生在一個講究天倫重視親情的社會，十足令人震驚。

五名稚童的母親供稱其弒子動機是：神明告訴她五名子女前生是妖孽，留著會有禍害。經初步診斷，她是得了宗教妄想症，而她的丈夫相信只要由他親自作法（他作過乩童），五個孩子一定能復活。這對夫婦的精神狀態已然失常，而禍首便是到處可見的神壇以及充斥其間的鬼神迷信。

我們實在不能責斥這位女子是「狠心媽媽」，她也是受害者——受鬼神迷信之害。在仍然弄不清她何以釀生「宗教妄想」之前，面對光怪陸離的宗教現象，我們不能不擲筆三嘆。素來學術界看待此地的宗教，往往在學術中立的觀點下，僅作不具價值判斷的描述性解析，而官方的態度更在「宗教自由」的大旗下，或與之結合（君不見一些大廟裡盡是大官贈送的匾額？）或任其自生自滅，而只能在神棍觸法之後再加以懲治。如此看來，我們的宗教團體在一襲看似「強勢」的外衣背後，其實潛藏眾人不聞不問的神秘世界，其中滿布危機與陷阱。

宗教本身可以不食人間煙火，但宗教信徒則有血有肉，他們除了具備獨一無二的個人心靈之外，仍然得過家庭生活與社會生活。因此，對於浸淫宗教之中的個體與團體，一方面要分別看待，另一方面則要善加融合。在我們的文化傳統中，一直欠缺對生命個體的研究與尊重，例如在以父子關係為主軸的倫常裡，並未賦予未成年子女不容剝奪的獨立生命權，而產生了子女完全歸屬於父母的錯誤觀念，導致某些父母把子女一起帶到另外一個世界的愚行。我們亟需一大套生命哲學及一大套社會體制，一起來釐清每一個個人之間的關係，以高高標立生命個體的無上尊嚴。父母子女之間，是相繫而非相屬；每一種愛每一份情，應為一切屬個人也屬群體的理想服務。我們還可再進一步認定：每一個活在現世的人不屬於前生，每一個人性十足的人不屬於鬼神，且每一個善作自我追尋以迄自我實現的人不全屬於任何一種團體。

要設法防範類似的悲劇重演，除了各地社會局應以更充足的人力物力進行查訪、輔導、救濟與安置等工作之外，根本之道是我們亟須建立完善的宗教教育。前段所提及的生命哲學及社會體制，皆可在容異求同的教育系統中進行「道並行而不相悖」的各種理論探索與行動實驗。目前，我們幾乎把全數的宗教事務交由內政部管轄，這是很不妥當的作法；而把民間宗教只當作傳統民俗，則是十分保守的看法。我們希望在高等學府中有更系統化的宗教學以及宗教哲學之研究，而當局若能在管制與放縱的兩極之中找到平衡點，進而以入世觀的信任及出世觀的期盼來看待宗教中的神佛與人，則在百花齊放之後，也大可一枝獨秀，讓諸多莠草無法侵食吾人心靈的滋養。

此外，我們更希望所有學術文化工作者在熱中大甲媽祖回娘家等民俗活動之餘，也能多所針砭，對偏差的觀念有所矯正，對陷溺的心靈有所救贖。當然，宗教乃涉及天人之際的大事，非有大智慧大學問者不足以承擔。如今，我們這個體質依然脆弱的民主社會不容許再有人替天行道，但我們確實需要更多的學者及文化工作者以謙沖的襟懷及包容的態度，來診治社會大眾的心病。也許，在人心有所安頓，人的思想不再為非理性或反理性的「無明」所籠罩之後，就不會那麼多人去求神問卜，甚至蓋廟設壇了。

一九九一、十

媚俗之外

文化建設乃百年大計，而文化活動則往往偏限於一時一地。如今，我們的文化政策在當局的規劃下，著實掀起了喧嘩一時也折騰一地的各項文化活動，而讓人不由得落入文化的氛圍中，感染了些許古典或現代的趣味；但是，如果要說這就是文化建設，這就是吾土吾民足以安頓百年千年的礎石，恐怕言之過早，也推論得太草率。

文化重表現，然文化之內涵卻不能因此全盤外露，文化的意義是有其不為一時一地之群眾所可撼動的根柢。當然，在文化活動仍未能加深其趣向並擴大其影響的時候，我們是沒有必要一味推崇少數的文化菁英而忽視了普羅大眾，也不必緩不濟急地在某一種特定的思潮、藝術或文物中盤桓流連，而錯失了社會教育的良機。不過，如果我們的目標早已鎖定在「建設」這檔事上，那麼，我們是非有一幅藍圖、一種前景，甚至一個理想不可。因此，對於文化價值的體認以及對文化理念的培塑，就不能不慎思篤行，不能不付以苦心孤詣；也許，少數人的默默耕耘是比那熱鬧的場面更值得主事者關切。

過去，泛政治的取向一直是此地文化建設的大敵，如今則隱然升起一種媚俗的泛群眾導向。似乎朝野都十分熱衷於文化的嘉年華會，大家到處辦展覽，設攤位，為的就是吸引自己的群眾，而一心要群眾認同自己潛藏的種種意圖，其中有諸多心思竟是反文化的。以前文化往往流失於空洞的口號，眼前則有人把文化當成一種包裝。

如此自食其文化果實的心態已然大肆宣揚之餘，我們是該冷靜下來，以慢工出細活的手法去認取真實的文化價值，去經營足以深入人心傳之久遠的文化事業。眼看鄉土掛帥，我們難道就能放任周遭的藝文環境惡質化？在動態為先的大原則下，我們又怎可將文字束之高閣？或將文學打入冷宮？

多希望在藝文的精彩耀眼之際，有人能從事彙編或整理的工作，這其實所費不多，但效益匪淺。文化事業是非打算盤講實利不可，不過，那算盤不僅要打得精、打得準，也要打得久、打得面面俱到。至於所謂的效益或實利，更不可大意，否則極可能有人會反向操作，而造成利害衝突，甚至導致人人盡輸的慘況。因此，那些不媚俗也不譁眾取寵的藝文創作或藝文活動，是理應受到足夠的關注與鼓勵；而那些扮演橋樑角色或溝通媒介的人士、刊物或書籍，便不該遭到被冷落的命運。

其實，文化建設是不必有所謂「官員」於其中一手操控。令人高興的是我們的官員已能放下身段，走入民間，去推動「鄉情系列」的文藝季；不過，也有一些現象教人趣味索然。當我們看到來自臺灣各地的神轎陣頭齊集在偌大的中正紀念堂廣場，一時之間，我們感受到一種極端的不協調，甚至有幾分詭異。臺灣文化在迎神賽會之餘，應能再創造出較為符應現代化生活的東西來。我們認為官員們大多受過西方教育，也同時具有豐富的傳統教養，是不應坐視這個社會依然殘存過多的非理性，甚至反理性的成分。當然民間信仰有其一定的意義與存在的價值，但它所夾帶的文化養分是否依然合乎這一代或下一代的胃口，便亟需有識之士深思。

空談理論無益，高唱理想也是枉然。菁英與大眾是大可攜手同行的。因此，在如火如荼的活動依次展開之際，那些力能影響全局的人物是可以大作其宏觀思考，他們也必然有能力縱橫全場，而在千萬元的大手筆之外，照顧到數萬或數十萬元的小個案。如果他們確實有心，是該有機會在辦大活動之後，再去看看那些不主動現身卻一頭埋入書桌的文化工作者。如此，文化建設將是一道長河，滔滔於吾民之間，洋溢於吾土之上。

一九九四、四

理想的哲學講堂

普蘭尼（Michael Polanyi）提出「默會的知識」（Tacit Knowledge）作為人文意義的泉源所在，這是語言之先鋒，其中滿是吾人心靈深細之波動。在今日的哲學教育中，當一個受過哲學思考訓練的教師試圖以自己的語言傳達出不同於一般知識的信息時，他所遭遇的最大難題就是意義交通的可能性究竟有無強化或昇騰之希望。哲學教師彷彿浮沈於意義大海的救生員，懷有一身救人之絕活，但在浪濤起伏間，卻難以發現不幸落水者的蹤跡。往往可見，講臺上的人滔滔不絕，而講臺下的人呢？上焉者歎為觀止，下焉者呆若木雞，這種尷尬的場面若不予以化解，則哲學慧命的延續將出現紅色警號。

默會的知識和「聖默然」有近似之意趣。所以默然，不是抓不牢語言的尾巴，而是欲將橫飛口沫封甕成酒，釀成心靈的芳醇。若智慧可以如清泉般供人渴飲，那麼一座默默將是一場無比歡欣的盛宴。只可惜凡人耳根不利，舌根魯鈍，再加腦海微波不斷，總是在知識的瑣屑中拼湊真理的圖像，甚至妄想在物質的斷片裡再造蓬勃生機。如此，哲學的教育乃有了必需性，「聖說法」成了智者無由脫卸的重責大任。

如今，哲學無能活在眾人心裡，懂點哲學成為一種時髦的點綴，全面的功利走向逼使哲學的講堂不得不兼具市場功能。除了哲學本科的學生中少數早已立定志向潛心思維之學外，大多數身處人類最古老的學術氛圍中的現代青年，並無法在哲學的知識脈絡中討取生命所需之意義滋養。他們心腦二用，他們把理性當成謀生之具，他們更忘了自我之成長須有獨立且自尊的精神領域。青年無罪，他們的過失乃被動的生活取向無端造成的。面對如此不利於意義交通的現實狀況，一個哲學教師對自己的言詮是不可不更加仔細小心。說法傳道的使命感可能導致思想的流通喪失平等性，因此一介哲學界的小兵在關注自己的語言之餘，更須提防思考的走向有否偏差，以免讓一身形影投下抹不去的陰霾，在原本窗明几淨的課堂。一顆純潔的心染了不潔，以至於減損理性的光明，我們實不願見弦歌不輟處發生如此的心靈災禍。

如果所有的哲學教師能儘量壓抑灌輸知識的企圖，而花較多的心思在哲學意義的辯明及抽象思維的梳理，那麼我們未來一代的哲學將比目前更能貼切人性，也更具進步的可能，因為它和現實較少糾葛，同時避開了陷溺「頑空」的危險。當然，站在追求者的立場，哲學的講堂理應充滿精準無比的語言，理應自超象超思維的世界同步降落，雙方一起在主體際性的自由與命定間探尋人文珍奇。一顆顆清明的腦袋最不喜往來攻訐的情緒語言，稚嫩的心在從事含藏與消納的天職時，敷衍和欺瞞就是最毒的毒素了。

　宣講堂皇理論，提供龐大史料，這兩項工作若未能以清晰的語言及強大的詮釋能力為先決條件，則效果將大打折扣。我們可以很輕易發現：中國哲學所以對當代的中國青年顯得艱深，有時似乎還披著神秘面紗，而它之被誇張被扭曲，更屬司空見慣。其中原因並不難明，輕忽語言在思維歷程中的重要性，應是一大禍首。除非我們已找到強有力的證據，證明中國哲學無法以現代語言加以言詮，而中國哲學的精神會被思想的清晰度所斲傷，否則，讓中國哲學的語言停滯於時代脈搏外，以至於難以叩緊新生代鮮活的生命，這將是違反時中大義，且有愧屋漏的作風。

　羽毛未豐，所有的準備尚未妥善之際，哲學的教育首在發現人的存在的意義。我們應先確定出發點，再導出明明白白的行徑。整裝待發之際，教師應避在路旁，用足以引發會心微笑的暗語手勢，召喚一批初生之犢向前勇邁。科學的進步在其典範能經由常態、危機、革命這三部曲而不斷煥發新義新風貌，而哲學所以牛步化，除了學術之標準及層次不同外，上一代的積壓和下一代的猛浪相互牽動，更是吾人心靈不斷抽筋導致哲學慘遭池魚之殃的主因。今後，當新的哲學不斷萌芽，哲學的薪火在夜空閃爍如明星之際，我們應樂於抬頭仰望，而不必再倉皇擲筆或輕率啟齒。

我們該如此認定：哲學不能以供養知識食客為目的，哲學的教師不能是終日困守爐竈的廚師，而哲學的仰慕者更不能是遊園的少爺，眼中只有花草而任根株孤立。如此，我們就可設想哲學的講堂該是如何的風光了。

文化的跛腳鴨

一九八七年，丁肇中博士在香港中文大學獲頒榮譽博士學位時，曾發表一篇對中國傳統教育有所批判的講辭，他說：「在環境激變的今天，我們應該重新體會到幾千年前經書裡說的格物致知真正的意義。這意義有兩方面：第一，尋求真理的唯一途徑是對事物客觀的探察。第二，探察的過程不是消極的袖手旁觀，而是有想像力有計劃的探索。」丁博士是一個浸淫於西方知性文化的科學家，能夠如此關切中國傳統的人文精神及走向，其秉持的求知真誠實足令人感佩。

我們堅信不同型態的思想文化之間應有彼此互補的可能。丁肇中博士以科學實驗的精神看待已成傳統文人口頭禪的「格物」和「致知」，他的新的詮釋雖仍帶有五四時代賽先生的口吻，但其中的科學訊息依舊值得我們重視。由探察到探索的有計劃有系統的路徑，在我們本土的科學園地中並未堅實穩妥的鋪展開來，這和科學迄未生根於中國的人文學術及社會環境，是有十分密切的關聯。丁博士強調的實驗精神是西方文化的產物，它和我們傳統的實踐精神有同也有異。同的是兩者皆是一種生命的投入、參與及創造，皆指向一定的人生標的。異的是各有不同範疇不同層面的活動界域，實驗往來於物物之間，而實踐則遊走於人人之間，彼此的意趣大不相同。今日，我們應重視實驗和實踐的異趣甚於兩者的可能的混同，如此，東西的知識管道才有互通之時。

我們是不可能再犯下王陽明格竹的錯誤，我們已比古人較願意動手動腳，也更樂意獨對了無生趣的自然事物。但處身熱烘烘的人間現實，我們依然被人事所糾纏，被個人內在的諸多理念所包裹，於是無端地浪費有限的知能和才情。最可怕的是傳統早已型塑的保守心態還不斷地在知識領域翻湧出真理的假象，搞亂了行為的次第。我們並未善用自由玄想的能力於科學的研究過程，以開拓新的路徑，以創造新的境地。內向而凝聚的心性修練往往取代外向而發散的求知活動，自我慰藉的本事於是掩飾了自我及一切非自我的缺陷，而高強的忍受缺陷的心理習慣乃延緩了進步的速度。

中國人確實說了太多的文理、倫理、玄理、性理及空理，而說了太少的名理、物理及一切力可改造現實的抽象之理。如今，許多學者已了然於傳統內在的理路，中國高明廣大的人文理想已在西方知識的照映下顯示其獨特的模態，也同時露出亟待匡正補救的缺漏。自然與人文是我們的兩隻腳，它們必須交相使用，配合無間，我們的生命才不至於顛仆，我們的社會才不至於渙散。百年來，中國文化時時跛腳而行，因此出現了太少的獨立特行的大人物，卻製造了一大堆必須彼此相濡以沫的可憐蟲。目前，身在臺灣社會的我們亟需脫胎換骨，而不是一味的遮醜粉飾。當然，在思想鍛鍊的過程中，我們仍需精神的指引，傳統所切磋打磨的心性之光，依然是我們人生意義的歸趨。往後，如果能有更多的傑出的科學家如丁肇中、李遠哲那麼關心自己的人文社會，而同時也有更多的通達的人文學者能夠秉持科學的精神以求新求變，以便發現更廣闊的生活天地，那麼，臺灣社會當可在文化的陶冶下逐步茁壯以迄強大。

文化冷感與政經熱

臺灣的政經進步有目共睹，但在政經體制與秩序都尚不穩定的情況下，這個看來充滿活力的社會於是掀起了極不尋常的政經熱——它像是陣陣的龍捲風，一舉襲捲大量的社會資源，其中包括極為珍貴的文化資源。

如果文化幾乎無所不包的話，那麼政經活動也是文化活動的一環，它的蓬勃未始不是文化活力的表現。但在吾人身心性命亟需平衡與諧和的前提下，我們又如何能一頭熱地栽入權力角逐與金錢遊戲的漩渦中？何況這兩千一百萬人的集合體依然不夠強韌，而且它尚須面對來自內部與外頭的各項挑戰。因此我們確實該冷靜下來，把有限的社會資源作合理的分配，以有助於整體文化的發展。

要說臺灣人已患了文化冷感症，似乎過甚其辭；但看到坊間出版品的新取向——竟然也是政經掛帥，而且是那些閃耀權力光環與黃金色彩的「人」在充場面——我們又不能不懷疑：

我們那些較有文化品味的讀書人哪裡去了？我們百年樹人的成果難道禁不起政經旋風的驚人威力？而我們的文化創造力真的已在政經和某些強勢媒體的聯手摧殘下逐漸凋零？

至少，我們仍握有文化的選擇權；也就是說，我們仍是一個自主的人——一個自主的生產者與消費者。基本上，我們享有莫大的自由，可以自由地在生活的寬廣界域中依自己之需，並憑一己之力，去從事某一種文化生產與文化消費。然目前臺灣的文化問題卻往往是在意識層面與心靈層次，因此從表象作觀察，並不易深入文化問題的癥結。除非人人養成一種不受惑不受騙的思考力與辨別力，否則很可能就會在各種假冒文化之名的次文化或反文化的生活場合中迷失了自我。如今都會生活中充斥各色的文化產品，卻少見真正有文化素養的人，便是我們的文化問題的一種具體現形。

除了依然不放棄文化經營的雄心與毅力之外，在清冷的文化現場裡，所有的文化人實需相互打氣，彼此支援。當然，朝中有人好辦事，但在轉化政經資源為較高層級的文化資源時，我們是不能不提防自己的頭腦與心靈——我們是可能因在上位者的一句好話而陶醉半天，也有可能在某一種財力作後盾的情況下放鬆了自我對理性與良知的堅持。文化的大敵便是人自己，特別是某些自稱是文化人的人。

所有的人理應都是文化人，但在多元的文化取向之間，一種廣大能容的心胸人人都要有，如此才能保證我們的文化不僅有活力有熱力，而且根柢鞏固，生機暢旺。文化活水不假外求，但社會各階層間互通有無的合作與溝通正是臺灣文化發展的重要關鍵。我們是有了瓶頸，在文化活動推廣或提升的進程中間；因此，在當前政經活動與其他文化活動並行無礙的大格局中，我們除了為政經熱降溫外，更須以較富知性的手法，在人人同情共感的大環境裡一起來反省並瞻望我們這個文化體的存亡絕續，以及所謂「新文化」的誕生。其實，如果我們真的出現了文化冷感症候群，那也並不一定是政經熱的極端反應所致，而卻可能是我們本身對文化的無知與漠視在集體意識中逐漸蘊釀成的。

因此，在將矛頭指向政客和財閥的同時，我們是該把每一個真實的自我也敞開來，以便接受文化活水的洗禮及道德良知的批判。也許，每一個教書或寫書的人首先該做的事便是問問自己：「我究竟讀了多少別人寫的書?」也許，每一個享用文化精品的都會新貴都該想想：「我是否曾以自己的某一種消費行為去助長社會奢華而粗鄙的風氣?」也許，這就是治療文化冷感症的一帖良藥。

一九九五、九

善培文化命根

李澤厚在一九七八年所寫的一篇論文〈孔子再評價〉，以仁為孔子思想的中心範疇，並將之擴大為中國文化的心理結構，而稱之為「仁學結構」，他認為孔子在中國歷史上的地位及其重要性似乎就在此。李氏從血緣、心理、人道、人格等四個進路設定仁學結構的四因素：

(一)血緣基礎：孔子講仁是為了恢復以血緣關係為主體的氏族統治體系，並將之轉化為意識型態上的自覺主張。

(二)心理原則：仁和人性相應，人性即是仁的內在的心理依據，故李氏稱仁為「人性心理原則」。

(三)人道主義：仁建立了具某種「博愛」的人道關係，人道關係包括人的社會性和交往性及尊卑長幼之間的秩序，此種人道主義，李氏謂之「原始的人道主義」。

(四)個體人格：仁突出了個體人格的主動性和獨立性，孔子以仁釋禮，以仁作為復興周禮的主要手段，乃要求氏族貴族的個體成員自覺而主動地承擔此一「歷史重任」，並把它當作個體存在的至高無上的目標和義務。（李氏語）故云：「為仁由己，而由人乎哉？」

綜觀李氏論點，仍不脫馬列主義以物質決定精神，以社會下層結構試圖解釋社會上層結構的老路數，他清楚地表明：「孔子仁學本產生在早期奴隸制崩潰、氏族統治體系徹底瓦解時期，它無疑帶著那個時代的階級（氏族貴族）的深重烙印。」雖李氏另一方面肯定了孔子思想有其相對的獨立性，而形成巨大的傳統力量。他並參照康德哲學，將仁學結構的四個因素組成一有機整體，而以實踐理性為其特徵。

在此，筆者願試圖對李氏論點再作評價，並提出底下之質疑：

㈠仁作為中國文化的心理結構，它如何能將人的存在意義從物理、生理、心理等存在層次，再向上翻轉？而若無法瞭解超乎心理層次的精神走向，我們又如何能將仁設定為宇宙與人生共同存在的樞紐？是否在結構凝定之餘，我們還須從解構的角度去觀察中國人正面發揚仁學的生命風貌？

㈡仁學確有其血緣之基礎，然此血緣關係並不必然限定在統治體系之內。「仁，人也」的偉大發現，是已超乎政治意義，而有了極為普遍的人類文化之意義。仁是人之自覺，其為深及人性的清明之思，又如何能是一種意識型態？

㈢稱仁為人性心理原則，似乎有循環論證的嫌疑，並有落入心理主義的危險。孔子罕言仁，是已以具體行動將仁置之於吾人心理功能之上。仁和人性相應，當然有心理之牽繫，但此牽繫並非其間交往之主流。我們更應重視仁（生命自覺）對時時涉入倫常日用中的心理作用所可能引發的開創性及指導性。

㈣孔子不愧是人道主義者，但他似乎不該受到太多的社會性及時代性的宰制。人道主義確有諸多不同的變貌，然就人道論人道，所有的人道主義是有其共同的精神企求，此一精神企求大可超越任何的人道關係。所謂「原始的人道主義」，「原始」兩字若指向思想意義之原始，其超脫解放之精神很值得注意，而若指向社會進化之草創，便極可能落入歷史主義，對孔子的誤解就難免了。

㈤孔子對個體價值的重視，不愧古來第一人。但個體價值不必然非由承擔歷史重任而作全盤的展現不可。孔子由政治轉向教育，他的教育內容是有擺脫政教所加給個人生命的沈重負擔的傾向。我們是應在孔學的嚴肅性之外，再看出它的趣味性及開放性。當然，孔教仍有一些反面的素材，但若一味由下向上，自外而內，從物化的世界管窺精神宇宙，或以自我設定的抽象意念任意揣測人性精深無比的本質，勢將逐步掩住孔子在脫卸其歷史外衣之後真體耀露的光輝，而一不小心，就可能將中國文化的命根自膏腴之地拔起。

生命的創作

「臺灣人」的定義是很難下的。臺灣人不是一種血緣，這無庸置疑。臺灣人不是某一權力的玩物或寵物，也不受某一歷史變局的宰制，臺灣人更不是所謂的「籍貫」所能限定的。無論說什麼話，從事那一行，受什麼教育，在此地生活多久，只要他能打從心底認同臺灣，並願意為臺灣的未來命運奉獻其所有，他便是一個道道地地的臺灣人。

我們可以有適度的地域觀念，以幫助我們看清此一時空格局中的種種現實。強調我們是臺灣人，並不否認我們是世界公民；宣揚斯土斯民的臺灣文化，也不等於放棄傳統文化。然而，誰也無能為未來的歷史做任何的決定，「歷史決定論」往往是一自欺欺人的騙局。我們不可以有太強的使命感，而意圖為子孫安排些什麼。就眼前的事實看來，縱然我們花一輩子的時間，也難以處理好我們這一生。不爭一時，又如何能爭千秋呢？因此，把經營臺灣當作我們共同的事業，乃是無可推卸的責任；但是，如果企圖從政治及歷史的角度，意圖在這一代構造一種宿命，或想以數筆勾勒出臺灣未來的藍圖，這種作法應已超出我們的能力，失敗也就難免了。

如果文化不能沒有上下交流的活動，那麼臺灣這一文化體實在十分欠缺此一足以均衡營養的管道。我們的上階層在既得利益護持之下，往往以唯心之色彩渲染其言行，用精神的彩衣包藏其仍然沾滯功利的一顆心。而我們的下階層則在工商活動中，任心靈為外物所壓迫，唯物（此「物」即為財物）的塵垢已然堆積於生命的裡裡外外，純樸性情在內外交迫的情況下，乃退藏於鄉土之中，是有人以浪漫的懷想及歷史的悲情唱出鄉土之歌，但呼聲依然微弱，回響依然杳杳。經濟掛帥的工商部隊實在銳不可當，一切生命的創作似乎已變得十分艱難。

政治也是一種生命的創作，一種生活的表現。將政治納入文化範疇，並不會因此減弱政治的力量。文化常以虛靜而穩定的型態消融我們的身心，高度的政治文化也同時具備此一特性，並將可能令人發狂的權柄放入廣大能容的心胸裡。若從廣角鏡觀察，我們政治文化的最大的資源在草野之中，因為草野的生命尚未遭到過度的意識型態的污染，也還保留著最大的可塑性，他們其實是最夠格的臺灣人，而他們也是傳統文化最強大的生力軍。喪失了文化內涵，我們真不知所謂的「民主政治」是否還能如常運作。因此，走文化的坦途，並不是在逃避政治的難題，反倒可能解決權力所造成的生活的變局和僵局。

我們希望宣揚臺灣文化的人能避開歷史決定論的陷阱，而那些高呼爭千秋的上階層人士也當放下身段和名位，勇敢地走下來和粗獷鄙俗的人民相結合，而不再以虛假的言詞掩飾那些終將自然曝光的事實。我們並非不同情受苦之人，但一味以受苦的姿態展現其生命，則其生命格局終將難以壯大，生命的氣魄也可能越來越小。因此，我們似乎不該僅止於社會橫剖面的觀察與研究，而應對這文化有機體作縱橫全局的瞭解與深入，如此將可引來生命活水，則各種溝通和交流便將化解任何可能的衝突與矛盾。

臺灣文化何去何從

臺灣已不僅擁有兼容並蓄的社會資產，更擁有源遠流長的文化傳統。臺灣文化大可蔚然繁茂，如果我們不任意糟蹋它、限制它的話。

臺灣文化是個有機的實體，在接受各方衝擊之後，正面臨港汊縱橫或飄或泊的關頭。它像是個尚待發育的年輕人，生命的潛能不斷催動著它，命運的魔力不斷蠱祟著它。它眼前有諸多阻障艱險，但我們沒有理由悲觀，因為我們不僅有了做生意的本錢，更有了高標文化理想、再造文化偉業的智慧。

臺灣文化不能是一種地域性的集體潛意識，不能是少數人張狂吶喊的口號，更不能淪為國際舞臺上跑龍套的小角色。臺灣文化理當是兩千萬人「意有所極，夢亦同趣」的共識，它以澎湃洶湧的海洋為背景，以古今中外一時交映的光芒為前導，雖其現實活動的空間有限，但精神生命的領域卻無垠，誰都無能以短視的眼光將它釘死在三萬五千多平方公里的某個角落裡，而如果有人一味把它當作「支流」或「分派」，硬不給它堂皇的名份，那將是一種不可原諒的侮蔑。

臺灣文化的過去斑斑可考，然其未來則暗藏無可逆料的變數。眼前確有許多再造臺灣新文化的絕好的機會，在此歷史性的時刻，最怕我們自己犯下歷史性的錯誤，因此，共同的省思有其絕對的必要：

一、臺灣文化的鄉土風格似乎已不必多作宣揚，倒是它的理想性格及人文氣質，須大力加以培塑。在此，我們似不必有太強烈的浪漫心態。所有熱衷於行動的人不可不知：過度的擁抱現實，並非實現理想的良策，所謂的現實往往充滿弔詭而且無比複雜。未經精神的鍛鍊以及心靈的洗禮，吾人便無法在現實中營生，更無法改造現實以迎向未來。也許，種種精神的自覺是推動文化創造的根本動力。

二、孤立的政治觀點極可能曲解甚至誤解臺灣人的一切。觀察臺灣文化，不能只從政治的角度。臺灣文化應有其高明博厚的人文意涵，唯有人文精神能不斷消解分歧的政治理念。是該由文化帶領政治，而不能放縱政治在文化母體中大肆翻轉。其實，經由非政治的管道，依然可達成政治性的目的。

三、所有獻身於臺灣社會的文化人都應有開放的心胸。一方面，不可犯下「早計」的錯誤——看到彈弓，就想到烤小鳥。另一方面，要以接納代替排斥，並由各自的堅持轉向相互的協調。由小見大，自微知著，往往會造成粗淺的獨斷錯誤。唯經由全盤的知識的整合、行動的整合、人心的整合，以及所有人的共同生活經驗的整合，才可看出臺灣文化的發展方向。

四、應以謹嚴的學術立場及全面的社會走向，來看待中國文化與臺灣文化的異同及分合的種種可能，而不可一味訴諸感性或主觀的意念，甚至將二者強行揉合或予以拆卸。臺灣存在的根本意義仍應是文化的，而臺灣文化的具體內容則是屬於這個島上所有人的，理應人人共有共享。一大堆動人的口號並無助於臺灣社會的內部整合，同理，獨立自主的臺灣也不必然和其他社會利害衝突。

五、有良知的政治人物應理性地批判臺灣文化（其中確有不少粗鄙庸俗的成分），而不該為了選票一味迎合眾人口味，甚至照單全收，誰也無法動員文化力量為一己之私服務。此外，以臺灣為題的研究不需也不應加入任何一種意識型態的決定論，臺灣的未來是該根除悲劇英雄再現的任何可能。樂觀加奮鬥，臺灣文化便自有其綿延不盡的壯麗遠景。

中國意識與臺灣意識的反思

在臺灣統獨之爭日益尖銳且已搬上檯面的這個時候，試圖去理解所謂「中國意識」與「臺灣意識」，並將二者作一對比，以瞭解其中的意涵或意圖，確實有其必要。

當然，無論是「中國意識」或「臺灣意識」，其實都不是專業的學術語彙，因此要想對它們下一確定或清晰的定義，其實是很困難的。但只要通過共通的思考以及彼此的交流，一種流布於一群體中間的意識（Consciousness）便自然形成，而為該一群體的每一分子所認同（Identify）。

中國或臺灣作為吾人意識所及的對象，都有其一定的範圍或框限在。特別是在如大江之納細川的文化源流中，中國人對「中國」的認同，縱然還存在著一些介於小區域或小族群之間的紛歧，但大體已經確立。因此，我們可以說：中國意識便是中國人彼此間的共識，中國人對彼此身為中國人是早有不必再多所定義的認同。由此，中國作為一個文化體、一個社會以及一個國家，對所有中國人而言，是再清楚不過的，而中國的存在，也便是所有中國人共同存在的前提。

然而，任何意識皆須接受歷史的檢證，並可能隨著歷史發展而起變化。如今，由於時空遷移，以及政治情勢的複雜化，「中國」的意涵已有了多樣性，也就是說，面對「中國」，我們的思考不再是單線的，也不再完全一致。原來「中國」意識是以文化意識為主幹，古來嚴夷夏之辨，主要的意義即是文化的意義。雖然中國意識與中國文化並無法等同，但文化與意識之間自有其諸多互動的可能。因此，從中國社會的龐雜的人文現象觀察，其中確實存在著一定程度的同質的文化因子——這就是以中國文化為內容，不斷去思考並創造中國文化的中國意識。

中國當然是一個國家，這無庸置疑，但在目前所有中國人並非同在一個政府治理之下的情況，我們又不得不從社會或群體的角度去檢視所謂「中國」的意義。同樣是所謂的中國人，但由於處在不同的社會中，並且以不同的政治制度與社會規範進行各項人文活動，便自然形成不同的社會意識或群體意識。如此，我們當可肯定：全體住在臺灣的「中國人」所共有的對臺灣社會的認同，即為一般意義的臺灣意識，它確實有別於另外十二億中國人彼此共通的社會意識。由此看來，「中國人」是已經有了不得不予以辨別的歧義。

此刻，我們立足臺灣，看待「中國」，是有必要把「中國」的政治意義暫時抽離出來，也就是把「政治中國」擺在一邊，理由十分明白：因為有一個「臺灣」當局存在，它一直以「中華民國」為名。目前看來，在我們思考「中國」的時候，文化中國、經濟中國、歷史中國及未來中國等多重的面相彼此交纏在時空縱橫的座標之間，顯然已引來不能不慎思明辨的難題。而發展方向不盡相同的兩個社會其實不應同時放在單一的概念系統中予以混同，其間的差異實值得我們關切。

若把焦距拉遠，我們又可發現：中國人集結成中國人的社會，並一直安安穩穩地定著在一大塊土地上，數千年來，天圓地方的觀念便根深柢固地深植於中國人的心靈，所以用「中」字命國名，是有其共同之生活背景在；而「中」又不只具有地理意義，更具有文化及哲學的高明意義。中庸、中道、中和等精神乃中國人共通的行為典範與生命理想，在「無過與不及」的指導原則下，中國人無論是個人或群體，便都具有所謂「中國的」或「中國人的」的共同屬性。

底下的思考線索雖然不一定有史實作佐證，但仍有其一定的參考價值：

大漢民族在一大塊土地上定居之後，以其高度的思考力不斷尋找生活的方向與生存的重心，結果，在東西南北之外，找到一個不是方位的方位——「中」，「中」是不動的動點，任由四面八方如何拓展延伸，只要「中」字穩穩站住，目光所及的一切便自然形成一個圓，而這個圓可以不斷擴大，在圓心不被無端移動的情況下。如此，「中」同時就是「心」，「中心」可能只有一個，也可能不止一個。一個中心導向中國的統一，不止一個中心（其實，已非真正的中心）則將造成中國的分裂。中國的分分合合，由此「中」與「心」的思考可以略窺一二。

至於中國意識中的文化成分與思維要素，則可約略分析如下：

㈠統之有宗、會之有元的人文主義。
㈡人倫與天地自然相應的宇宙觀。
㈢政治與道德互相為用的德治理想。
㈣父慈子孝與聖君賢相的社會階層論。
㈤以京城為中心的政治地理學。
㈥中心與邊陲時有緊張與拉扯的權力體系。
㈦縱向的歷史辨證——分合與治亂相循的時代歷程觀。
㈧以統合為貴，以分裂為禍的價值判斷。

由此看來，中國意識確實有十分豐富的內涵，它所夾帶的一切幾乎包藏了中國人所有的生活內容，而它對中國人的生活空間以及周遭各民族的影響，則不僅是文化的，而且還關涉到個人生存的現實及處境。以日本人為例，他們在大和民族的凝聚力底下，竟能大量吸收中國的唐文化，並不斷加以改造，而在東亞文化圈中另立旗幟，這分明是中國意識間接導致的結果。

相對於中國意識的源遠流長，臺灣意識就顯然較為單薄，它在歷史背景的照拂之下，確曾有成長之機會，鄭氏之經營臺灣與日本帝國之佔據臺灣，都曾刺激了臺灣的本土意識，可以說，臺灣意識幾乎等於臺灣的本土意識，它讓臺灣與一水之隔的老中國有了距離——不僅是地理的距離，甚至是社會、文化及政治的距離。

在這個由移民所組成的社會，數百年來一直有人經營著自力更生的事業——包括政治事業在內。因此，臺灣是不僅做著中國文化的加工業，而且還試圖向老中國展開全面的抗衡。目前，這個已被稱作「命運共同體」的華人社會是正進行權力的重分配、資源的再利用，以及各種價值理念、生活理念的轉化及改造。臺灣的希望在此，臺灣的危機也在此。

如果臺灣意識有其正面而真實的意涵，除了對它作歷史的探索與回顧之外，還必須把它放在時代的脈動及未來的遠景中，以進行創造與轉化。它不能與兩千一百萬人的生活意願相違背，也萬萬不可無端製造兩千一百萬人的生存危機。因此，臺灣意識不是空殼子，它是活潑潑的生活理念，它能深入我們的思維與心靈，而讓我們凝聚成一個堅實的生活體，也就是所謂的共同體。

無庸置疑，臺灣人早已走出悲情，也不必再怨歎。但放眼未來，自立自主的前景卻荊棘遍地。因此，在現代國家和公民社會的工程藍圖中，傳統的政治與文化是必須不斷接受各種檢證。情緒反應、心理現象及族群意識等足以掀動臺灣社會的潛在因素也不能不攤開在理智的光照下，以防內部的腐化誘來外部的侵蝕。

臺灣意識——以尋找臺灣的出路，追求臺灣前景的思考理應是一種前瞻性的思考。它要有開放性、包容力以及向中國文化、世界文化多方吸收的能耐。臺灣意識絕不能是一種封閉的地方意識，它必須逐步走向世界，而在不斷自我充實的過程中，有一項工作對所有以臺灣意識自我期許的人而言，極可能是最困難最危險也最具挑戰性的；那就是拿臺灣意識來和中國意識進行調和與融合，這是非做不可的長期性的大課題，而絕非一蹴可成的。

因此，臺灣意識不能是單薄的、狹隘的，只有單向思考的。可以說，臺灣意識本來就是一種自覺——兩千一百萬人自覺彼此一體共存的意識，它在與對岸的中國意識抗衡的過程中，絕不能沒有本錢和實力，血氣之勇本就無濟於事。哈佛大學教授杜維明先生曾為文指出：「文化中國」理應是臺灣現階段不能睜眼不見的發展的前景。「文化中國」確可以提供兩千一百萬人一個更廣闊的思考空間，特別是在和對岸打交道的時候，因此，在同樣吸收了大量中國文化的情況下，臺灣確有必要與中國大陸進行各種深具文化意涵的對話，並作各項文化競賽。唯有如此，臺灣才可能在中國傳統之上有所超越，有所創造，而打開一條屬於自己的康莊大道。

也唯有通過台灣內部的族群整合，臺灣意識才可能具有更豐沛的生命力，否則它是否經得起政治的風暴，還有待觀察。臺灣意識的積極作用即在於團結臺灣的人心，以安內再攘外。此外，臺灣的社會文化依然脆弱貧乏，還不足以撐持起臺灣意識這面大旗，因此，經營臺灣意識幾乎可算是一種人文大業，它與政治、社會等運動豈止應等量齊觀？它講意義而不只講效益；它有胸懷與涵養，而不只計較因果與利害。如今，臺灣似乎有必要來一場文化的啟蒙運動，而臺灣意識正是那氣呼呼的火車頭。

高希均先生期待新臺灣人的出現，把眼光放在新生的一代。也許，我們還可以信心滿滿地期待新臺灣的誕生。新的臺灣有新的面貌，新的臺灣不只熱中於政治，還關心文化，並一心盼望在世界文化的版圖中佔有一席之地。新的臺灣不僅內部民主化，還一步跨越兩岸之間的鴻溝，一舉向世界進軍，與其他的社會進行永無止息的競賽。

一九九四、十一、二十七

中國印象

一、六四之後

九一年的早春，當我和一位北大教授同行走過偌大的天安門廣場，八九年的槍聲已遠，腳下也不見早被洗刷得乾乾淨淨的斑斑血跡，但我的心依然沈重，我的眼睛仍企圖在人群中尋覓某種熱情與正義的形象。

毛澤東紀念堂前大排長龍，年輕的教授問我：「想不想過去排隊？」我說：「不想，我只想快點進入故宮看看。」他說：「我也不想，那些人都是鄉下人。」鄉下人似乎比較喜歡拜神，他們甚至於把活人當作神來拜。

可憐素來中國人幾乎都是鄉下人，他們難得走進京城。所謂「赴京趕考」，便幾乎是千年來中國讀書人共同的目標，富貴榮華就在此一舉中的。最可嘆的是讀書人大多也是鄉下人，他們的出身大多卑微，因此十年寒窗不僅耽誤了青春，磨損了才情，有人還出賣了人格。

認真追究起來，中國人拜神的歷史何止百年？中國人受苦的日子何止千年？走進故宮，我差點誤認一座座堂皇的宮殿竟是一座座香火繚繞的大廟。當有人拜神祈福的時候，不正有人啃著樹根？九二年的盛夏，在天津南開大學，和一群比我年輕的朋友暢談了一夜，他們禁不住回憶起啃樹根的童年，他們還問我曾否吃過香蕉皮。當年的傳聞，一被證實，一是作假。不過，如今拿「吃」這回事相較量，已沒有多大意義了。

南方的教授坐享改革開放的經濟利益，他們的收入竟是北方教授的三倍有餘。此刻，有人說：中國現代化了。我問廣州那位高所得的教授，他還是搖搖頭說：「中國要現代化，談何容易！」他關心的焦點在中國的政治能否民主以及中央集權的體制能否徹底改變。他一腔熱血，憤憤地說：「如果中央還是那麼極權，那麼專制，不只是你們臺灣人想搞獨立，我們廣東人也很想搞獨立。」這話連我也感到震驚。

也難怪六四之後，上海的朋友要在他單位的大門口大書特書：

恨專制暴君無法無天

這個朋友因此遭到懲罰，但他無怨無悔。他是一個讀書人，也是一個鄉下人。

二、九七之前

九四年我在美國麻州劍橋，一個十分國際化的文化小城，到處可見東方面孔，其中日本人最多，其次便是華人，而華人並不一定是「中國人」。所謂「中國人」的定義確實十分寬鬆，卻也十分模糊。在哈佛燕京圖書館，幸會來自「中國」的竺小姐，她主動地跟我打招呼，態度十分友善。寒喧之餘，竺小姐便談到兩岸交流，因為她知道我另有一個身分——「臺灣人」，又叫做「來自臺灣的中國人」。也算是一次巧合，和一位東方青年在課堂外照面，先是用英語交談，接著是國語，再接著竟是臺灣話。他的父親是嘉義人，母親是臺中人，而他在美國出生。我們理應是同鄉，但國籍卻完全不同。臨走前，他很高興地告訴我他正在學「古文」——當然是中國的古文，又叫「文言文」。看他依然天真的一臉笑容，我心中不禁泛起一絲暖意。

有人高歌：「四海之內，都有中國人。」似乎意氣昂揚，儼然當年大漢聲威依舊在。但以發揚中國文化為己任的哲學家唐君毅教授卻慼歎「中國文化花果飄零」，他在四十多年前被迫離開大陸，寓居香港──一塊深烙著民族傷痕的殖民地，與同道創立「新亞書院」，盡一生之精粹於中國哲學之研究，成果纍纍，令人敬佩。三年前，我問過一位深霑新亞餘風的香港中文大學教授有關九七諸事，他預言：「我想到時候中大大部分人都會走，除了那些親中共的少數人。」不過，最近在波士頓的一項東方哲學會議上，我看到來自香港的一些學者都顯得十分自在，似乎心無罣礙，而將全精神放在學術的研討。因此，我一直不敢和他們提到「九七」。

也許，政治不是一切；但是，政治卻可能干預一切。中國人集合成中國人的社會，中國人的社會便自然產生中國人的政治，其中彷彿暗藏漩渦，有人一掉進去便出不來，因此不少人寧可遊走暴風的邊緣，以策身家性命的安全。花果飄零是有不得不然的歷史緣由，這未始不是一樁悲劇。如今，有人從「中國」出走，是已經沒有什麼可以和政治牽連的因素在。當年孫中山「一盤散沙」的比喻，現在竟然還不怎麼離譜。不久之後，東方之珠會不會不幸蒙塵？「九七」是否是「災難」的同義字？這問題的答案可以交給未來，付諸歷史，但如果「中國人」的定義仍然歧義百出，中國人的政治仍然百病叢生，答案便大家心裡有數了。

三、百年之中

大漢民族在大體確定自己的版圖之後，便在四面八方、東西南北之外，發現了一個不是方位的方位——「中」。「中」是不動的動點，只要「中」字穩穩站住，「中」也就是「心」，於是，各種「中心主義」不斷滋生蔓延。其中，家族中心主義和民族中心主義聯手製造了一個國家一個社會，她擁有幾乎完全不同於西方的社會型態，難怪有西方學者說「中國」不是一個國家，而只是一個社會——一個龐大卻又單一的社會。

有中心，便有邊陲。中心不動，邊陲便總在向心力與離心力交互運作之下和中心或親或疏，或遠或近，其間距離誰也拿不準，其間交流誰也測不定。而若中心一動，便極可能有無數的中心，「邊陲」便不存在了。在此，我們是不必像幾何學家去算計精準的定數，最值得我們關注的倒是現實面的一些變數，它們存在於一個社會的發展向度中，也掌握在一個有可能盲動的權力結構裡。當然，如果民心如流水一般，那麼，載舟覆舟之際，我們還是多少可以先看出一個端倪。

百年中國恰似一道洪流，黃沙滾滾，紅塵滾滾。百年來，中國曾經迅雷般拔地而起，卻又撲倒在地。「中國」是有嚴父的臉孔，也有慈母的神態，縱然在詩人筆下：「患了梅毒的母親依舊是母親」。如今，中國看來氣象萬千，生活水平一翻又一翻。最近在美國買到的生活用品，最多的是“Made in China”。可是，一想到在中國的土地上，仍然生活著不怎麼現代的一個民族，二點八億的文盲（佔世界文盲總數的百分之三十二）便是一個甩不掉的包袱。我們這些黃面孔的人總是感同身受，雖然我們彼此生活在不太相同的居住空間與生活情境。

其實，我們更關心的是臺灣的未來，我們不曉得百年後的臺灣會是如何的光景。在中國印象與臺灣鄉土之間，兩千一百萬人應如何選擇自己的生活模式乃是兩千一百萬人無可推卸也無法剝奪的責任與權利。小小的臺灣可以有大大的胸襟，因為臺灣四面是海，它是島不是大陸。更值得大家注意的是臺灣沒有天安門，沒有紫禁城，沒有中南海，也沒有二點八億的文盲，雖然臺灣還欠缺許多，還有許多事該去做，也還有許多東西該去學。無論如何，百年之中，應大有機會讓臺灣琢磨成另一顆東方的明珠。

一九九四、九、二十三於美國麻州劍橋

樂見華人社會的文化前景

隨著華人社會全面的經濟榮景，中國人似乎已到了可以好好吐一口怨氣的時候。不過，那最能讓中國人引以為傲的文化傳統卻正面臨史無前例的挑戰，中國文化這面大旗是正在冷風中飄揚。

文化是生活的根本，也是生活的總體。任何人都必須在文化中討生活，以獲取生命的主要資源。而中國人生活在中國文化之中，實乃天經地義，無可置疑。問題是：在中國人的社會裡，竟一直有人與傳統為敵，並且一直對傳統文化進行各種的破壞。這些人之中，有人位高權重，甚至是乖張陸離的造神運動的主導者。他們可能異想天開，認為中國文化已是可以放入博物館的奇珍異品，或許他們還用盡心計，設法利用中國文化作為統治人民的工具。如此，中國文化的精粹便被糟蹋了，於是中國文化的糟粕處處可見，如今，中國大陸在改革開放後所遭遇的社會問題與文化亂象，便是數十年來的文化破壞的惡果。

事實上仍不乏有智之士振臂高呼，可惜他們手無縛雞之力，又如何能扭轉大局？大陸在八十年代所興起的一股「文化熱」，如今看來，也只是文人學者們的一種「理論熱」，仍只是在概念世界中打轉，並未能普及於社會大眾，也不曾釀致如同西方啟蒙運動般的文化思潮，全面籠罩古老的大地，而多少翻轉那老大的民族性格。目前，是有不少人為中國人的精神危機憂心忡忡，但在政治權力無孔不入的統治架構，以及財迷心竅利益薰心的社會百態中，一些原本鮮活有力的文化意識與價值理念卻已顯得蒼白。於是講忠論義的職業倫理在「一張報紙一包煙，一杯茶水泡一天」的機關文化的衝擊下早已蕩然無存，儒家術德兼修的傳統也在「學不在深，奉承則靈；斯是科室，唯我聰明。」的官僚文化中不見了。

在臺灣，經濟起飛之後接著是政治改革的熱浪襲來，本來有極佳的機會再造社會，再創新局，遺憾的是金權政治成為謀害此一命運共同體的元凶，再加法律秩序一直無法建立，精神文明也被視為無物，於是在心靈的空洞裡便一再滋生文化的蠹賊，許多反人性、反人文、反人道的事例乃層出不窮。因此，臺灣一方面建立了空前未有的一種生活模式，一方面卻也在國際間留下不少笑柄與惡例。

如果文化的復興與再造是可能的，那麼，我們便必須先面對自己的文化傳統，不斷地予以再詮釋、再批判、再轉化。除非傳統都已成為明日黃花，否則我們不能沒有根柢——生活的根柢就是文化的根柢，這樣的信心一點也不誇大：中國文化的老幹是隨處隨時都可能再現生機與生趣的。雖然小傳統和次文化的各種產物已然顯得粗鄙傖俗，但只要有人在，有中國人在，有真正的中國人——自覺為中國人者在，中國文化便有希望，中國社會便有新文化誕生的各種可能與機會。

首先，反省的能力對於一個群體與文化的傳承及發展，十足具有決定性的作用。反省不是批鬥，也不只是檢討，而是一種自覺，一種盼望，一種指向未來的自我的期許與擔當，因此，唯有通過深刻的反省，通過自覺的群體意識，以勇於自我批判的開放心靈迎向未來，一個社會才可能從老舊的文化格局中跳脫出來，去蕪存菁，轉弱為強。而如果一再因循，不知醒悟，則勢必導致社會文化的衰敗，甚至製造莫大的災難。中國民族近五十年來最大的禍患不是洪水，也不是猛獸，而是集億萬人之愚與迷於一爐，終煉鑄出無比巨大的權威塑像——億萬人乃匍匐於它腳下惶恐度日。最近北京《光明日報》刊載專文批毛，以史無前例的嚴厲口吻批判毛澤東晚年在中國文化傳統問題上犯了嚴重的錯誤。該文指出：毛澤東晚年違背了自己主張的必須批判地繼承古人和外國人的遺產，包括批判地繼承古人和外國人的文學藝術遺產在內，也違背了他自己所說的「絕不能割斷歷史」，而採取了否定和拋棄一切中國和外國的文化遺產的極左立場，結果造成中國民族文化遺產遭到嚴重破壞，廣大幹部及群眾遭到打擊迫害（引自《世界日報》一九九四年十二月二十七日報導，該文作者為中共黨史學會副會長廖蓋隆）。一般相信，這顯然是貶毛揚鄧，再立另一個權威塑像的手法，仍然無涉自覺的智性批判，但至少已揭顯了一項歷史事實，也證實了盲目意志從生命內裡腐蝕民族文化的悲慘真象。

再者，當代社會彷彿一匹脫韁野馬，讓成天忙著採收科技果實的現代人難以駕馭，這在臺灣社會已然是令人頭痛的大問題。以文化的現實面及表現力作衡準，臺灣社會應可算是華人世界中最富希望也最可能創造出新文化的地方，但不幸的是這兩千一百萬人的集合卻一直不夠凝聚也不夠和諧，這已多少減損了文化的創造力，也同時擾亂了本該協同一致的方向感。而最令人擔憂的是臺灣社會的人文生態一直雜草蔓生，欠缺時代宏觀與歷史記憶的教育更變本加厲地助長社會歪風，不是短視，便是膚淺；不是冷漠，便是麻木；不是自私，便是欠缺熱情與正義感，於是現實生活的表層便不斷寄生令人難堪的病原——是精神的病原，也是文化的黴菌，其中，最澈人心髓的就數金權政治夾帶黑道文化。

數十年來，臺灣一直高舉復興中國文化的大旗，也確實作了一些事情，但整體成效卻十分有限，一些點綴性的工作更無能挽狂瀾於既倒，多少人的心靈沈淪了，多少人的性命斲傷了。就以家庭倫理為例，不斷發生的悲劇不僅喪盡天倫，更與人性背道而馳，那些弒父殺子的新聞已非偶發的個案，而是整個社會生了病，整體的文化心理結構逐漸在鬆弛之中。

當然，臺灣對中國文化的保存是作了一些貢獻。在臺灣，任何受過高中以上教育的人都大體能閱讀古文，也都約略受過孔孟老莊思想的薰陶，至少，他們都讀過一點四書，知道一些古人講究的人倫至理，這對一般的智性生活與德性涵養應有正面作用，因為講究人生入世功能的儒家文化未始不是一大瑰寶，而它是非通過文字語言去親炙不可的。不過，在復古與創新之間，臺灣社會並未平衡地加以看待，於是復的古往往不是精神文化浸淫下的生活智慧，創的新也多是羼雜舶來品而未經消化的西方貨色。這種現象在臺灣的學術圈裡也屢見不鮮：不是小本經營，作不出較先進較尖端的東西；不然就是囿於實用心態，對理論的精研不足、對人文的關切不夠，於是彼此在研究領域上過分重疊，徒然浪費人力與物力，而更可鄙的是依然有抄襲歪風與分贓之習——為了爭食有限的經費，甚至使出了非學術或反學術的手段。

其實，文化的創造是一個民族可以全體一起經營的事業。經營文化除了需具備企業精神與縱橫商場的敏捷身手之外，還需理性與良知；而要讓理性與良知發揮其作用，又非有良善的社會制度與組織不可。因此，在不同的文化體已各具特色各有其生活質素的情況下，那高揚理想的文化傳統便不能不有所調整有所更張，而非放下身段與成天在生活現實中打轉的平民大眾接觸不可，其間，是不能不作平行的雙向溝通，以最親切的姿態作心靈的對話，以便一般人汲取文化理念以應用於形色繽紛的生活情境。那麼，不管我們的處境再怎麼惡劣，我們將依然大有創造生活文化的能耐，而深植於生活底層的文化根柢便將是最富生命力的千年大樹。

因此，在兩岸政經分離，各自體現文化潛力的這個時候，亟需彼此以同情的了解互相包涵互相容忍。如果那「中國」的標籤當前不必使用，就無妨暫時放下，而儘量把文化中最真實最精粹的一面——屬於中國屬於臺灣也屬於人類屬於世界的成分發揚開來，這或許將有助於兩岸的交流。兩岸的交流基本上是人的交流，是兩個文化體的接觸，因此，在思路有異、焦點互殊的情況下，異中求同便需要極大的雅量與耐心。姑就人文學為例，面對數十年來馬列主義已在中國大陸造就出巨大現實的背景，臺灣的知識分子是非加以正視並有所體認不可，如果動輒以老套的反共意識予以排拒，那麼交流的大門便將永遠關閉。同樣的，如果大陸方面無法持平地看待臺灣在事實俱在的人文現象中所作的各種反思（其中，有許多是運用社會科學的思考方法所取得的成果），而總是以政治的極端意識予以抹殺，那麼彼此便可能越走越遠。

舉凡人的活動，根本上是心的活動，而人的交流其實便是心的交流。心不是抽象的，不是可以用理論去剖析的，心是具體的、活潑的、生動的、只能以真實的思想和情感去體貼的。

因此，在文化生生不息的歷程中，該如何去關切每一顆心，以至於去開發巨大深廣的文化心靈，便是一項無比重大的工作。文化不能是死的，而要讓文化活起來，並且活出高明氣象來，須先讓每一顆心活起來。心的滋養主要是思想與情感，思想一動，情感一發，兩者再互助合作，文化心靈便將有具體的脈絡可尋，如天天製造葉綠素的綠葉片片，其中光合作用的網路又何需借助於顯微鏡的觀察才能判定？如今，難道我們都喪失了體認生命吸吮生氣的能力？

和西方社會相比，華人社會一直未能提供足夠開闊的空間以便讓社會中的每一分子作思想的溝通與情感的交流，這對這個充滿老舊光景的社群十分不利。許多問題原本可以迎刃而解，卻因大家都把思想的鋒利斂藏在自己的刀鞘裡，以至於徒然袖手旁觀。而在激情誘使之下，人人竟高築藩籬，以意識框框作殼，終伸不出溫熱的手向陌生的第三者。傳統中國社會充斥各種門檻各種管道，其間營私舞弊所在多有，如何將那些不見天日的小空間攤開在陽光下，如何在傳統倫理的基礎上再開拓出各種公共空間以便眾人時相往返，便是值得有志之士全力以赴的文化大業。

傳統永不過去，而世界正緊緊包圍著我們。在經濟熱與政治熱之外，兩岸三地的華人是大可以中國文化為題，向過去的一切作真摯的回顧，向未來的一切作懇切的召喚，並同時向西方世界多所討教。基本上，華人社會可以是一個很文化的社會，因此兩岸的問題大可透過比較具有文化內涵的交流方式，以時間換取空間來加以解決。這樣的思考並非簡化或約化的單向進路，而是一項根本的考察——是對人對事對物的綜合的對比思維，這其實在傳統的儒、道哲學中大有資源可以運用，譬如孔子仁學與忠恕之道，以及莊子存同容異的兩行思考便頗富時代新義。因此，我們樂見華人社會的文化前景正在思想與心靈相互激盪之下所迸射的光亮中不斷向世紀末緩緩走來，也同時向下一世紀的新世代緩緩走去。

一九九四、十二、三十

三民叢刊書目

㉖作家與作品　謝冰瑩著
㉗冰瑩書信　謝冰瑩著
㉘冰瑩遊記　謝冰瑩著
㉙冰瑩憶往　謝冰瑩著
㉚冰瑩懷舊　謝冰瑩著
㉛與世界文壇對話　鄭樹森著
㉜捉狂下的興嘆　南方朔著
㉝猶記風吹水上鱗
・錢穆與現代中國學術　余英時著
㉞形象與言語
・西方現代藝術評論文集　李明明著
㉟紅學論集　潘重規著
㊱憂鬱與狂熱　孫瑋芒著
㊲黃昏過客　沙究著
㊳帶詩蹺課去　徐望雲著
㊴走出銅像國　龔鵬程著
㊵伴我半世紀的那把琴　鄧昌國著
㊶深層思考與思考深層
・轉型期國際政治的觀察　劉必榮著
㊷瞬間　周志文著

㊸兩岸迷宮遊戲　楊渡著
㊹德國問題與歐洲秩序　彭滂沱著
㊺文學關懷　李瑞騰著
㊻未能忘情　劉紹銘著
㊼發展路上艱難多　孫震著
㊽胡適叢論　周質平著
㊾水與水神
・中國的民俗與人文　王孝廉著
㊿由英雄的人到人的泯滅
・法國當代文學論集　金恆杰著
51重商主義的窘境　賴建誠著
52中國文化與現代變遷　余英時著
53橡溪雜拾　思果著
54統一後的德國　郭恆鈺主編
55愛廬談文學　黃永武著
56南十字星座　呂大明著
57重疊的足跡　韓秀著
58書鄉長短調　黃碧端著
59愛情・仇恨・政治
・漢姆雷特專論及其他　朱立民著

(60) 蝴蝶球傳奇　顏匯增 著
・真實與虛構
(61) 文化啓示錄　南方朔 著
(62) 日本這個國家　章 陸 著
(63) 在沉寂與鼎沸之間　黃碧端 著
(64) 民主與兩岸動向　余英時 著
(65) 靈魂的按摩　劉紹銘 著
(66) 迎向眾聲　向 陽 著
・八〇年代臺灣文化情境觀察
(67) 蛻變中的臺灣經濟　于宗先 著
(68) 從現代到當代　鄭樹森 著
(69) 嚴肅的遊戲　楊錦郁 著
・當代文藝訪談錄
(70) 甜鹹酸梅　向 明 著
(71) 楓 香　黃國彬 著
(72) 日本深層　齊 濤 著
(73) 美麗的負荷　封德屏 著
(74) 現代文明的隱者　周陽山 著
(75) 煙火與噴泉　白 靈 著

(76) 七十浮跡　項退結 著
・生活體驗與思考
(77) 永恆的彩虹　小 民 著
(78) 情繫一環　梁錫華 著
(79) 遠山一抹　思 果 著
(80) 尋找希望的星空　呂大明 著
(81) 領養一株雲杉　黃文範 著
(82) 浮世情懷　劉安諾 著
(83) 天涯長青　趙淑俠 著
(84) 文學札記　黃國彬 著
(85) 訪草（第一卷）　陳冠學 著
(86) 藍色的斷想　陳冠學 著
・孤獨者隨想錄
A・B・C全卷
(87) 追不回的永恆　彭 歌 著
(88) 紫水晶戒指　小 民 著
(89) 心路的嬉逐　劉延湘 著
(90) 情書外一章　韓 秀 著
(91) 情到深處　簡 宛 著
(92) 父女對話　陳冠學 著

93 陳冲前傳　嚴歌苓 著
94 面壁笑人類　祖慰 著
95 不老的詩心　夏鐵肩 著
96 雲霧之國　合山究 著
97 北京城不是一天造成的　喜樂 著
98 兩城憶往　楊孔鑫 著
99 詩情與俠骨　莊因 著
100 文化脈動　張錯 著
101 桑樹下　繆天華 著
102 牛頓來訪　石家興 著
103 深情回眸　鮑曉暉 著
104 新詩補給站　渡也 著
105 鳳凰遊　李元洛 著
106 文學人語　高大鵬 著
107 養狗政治學　鄭赤琰 著
108 烟塵　姜穆 著
109 河宴　鍾怡雯 著
110 滬上春秋　章念馳 著
111 愛廬談心事　黃永武 著
112 吹不散的人影　高大鵬 著
113 草鞋權貴　嚴歌苓 著
114 是我們改變了世界　張放 著
115 夢裡有隻小小船　夏小舟 著
116 狂歡與破碎　林幸謙 著
117 哲學思考漫步　劉述先 著
118 說涼　水晶 著
119 紅樓鐘聲　王熙元 著
120 寒冬聽天方夜譚　保真 著

⑫¹ 儒林新誌

周質平 著

本書是旅美普林斯頓大學周質平教授，將其多年在國內外的華文報章上所發表的四十多篇論述雜文結集成冊。書中呈顯出所謂海外學人的千般樣態，嘲諷中不失幽默，值得您細心體會。

⑫² 流水無歸程

白樺 著

大陸知名作家白樺繼《哀莫大於心未死》之後又一本長篇小說。他的書取材是當代的，是改革開放後大陸所面臨的經濟文化與人慾的衝擊。書中的人物如高幹、富商、少女、情婦、歌星等，在金錢的誘惑下，一一呈顯出深沈黑暗而扭曲的人性面。

⑫³ 偷窺天國

劉紹銘 著

善人走完了人生路途上天國，會幸福到什麼程度？天國的幸福，會不會只是塵世快樂的延續？在本書作者引領之下偷窺天國的結果，是否會發覺天國的無趣？永恆實在可怕，幸福和快樂如果遙遙無盡期，一樣會變為無聊、乏味。天國，是否就在當下。

⑫⁴ 倒淌河

嚴歌苓 著

屢獲各大報文學首獎的嚴歌苓，繼《陳冲前傳》、《草鞋權貴》後又一本小說新著。內容包括十個短篇及一部中篇〈倒淌河〉。全書無論在寫景、敘事或對話，都極老練辛辣，辣得幾乎教人流出淚來。

⑫⑤ 尋覓畫家步履

陳其茂 著

出國旅行，是許多人心神嚮往的事。而世界各著名的美術、博物館，更是文人雅士們流連佇足之所。與其走馬看花、對大師們的作品僅留浮光掠影，淺嘗輒止；不如隨著畫家陳其茂教授的引領，在其敏銳且情感深致的筆觸下，一起尋覓畫家們的步履。

⑫⑥ 古典與現實之間

杜正勝 著

在古典與現實之間，一幕幕動人心弦的故事正激盪著你我的心。古典的真貌在不斷的探索中漸漸澄澈而透明。而現實的我們且懷著古典的情愫，在史學家杜正勝院士古典新詮的筆下，淺嘗歷史的滋味。

⑫⑦ 釣魚臺畔過客

彭歌 著

北京釣魚臺之盛名，並非全因這片神祕的迎賓貴地，而是在於它的歷史背景。是緣的牽引，將離去故都半世紀的作者引入這神祕的釣魚臺賓館……本書作者以纖細的筆觸，將自己多年飄泊生涯中的聞見感想，一幕幕真實清晰地展現在您眼前。

⑫⑧ 古典到現代

張健 著

涵泳於中國文學數十寒暑而樂此不疲的張健教授，在本書中除用粗筆勾勒歷代文學抽象的思潮外，更以細筆描述陶淵明、杜甫、孟浩然、王國維、魯迅、張愛玲……等文學家具象的風格與作品。篇篇都以作家的詩文為其依據，引領讀者一覽文學之美。

⑫⑨ 帶鞍的鹿

虹影 著

由一幅帶鞍的鹿畫中，牽引出一樁奇異的命案，主角和死者有著什麼樣的糾葛？帶鞍的鹿畫中又暗示了什麼樣的命運？作者以其深沈的筆調，藉著本書各篇小說，帶領讀者走向人類心靈的深處，去探索深藏於內心的桎梏。

⑬⓪ 人文之旅

葉海煙 著

本書作者以「人鏡」自任，用經世的情、關懷的筆，鏡映出人文百態。全書集結作者對自我、社會和文化等面相的諸多觀察及反思。一字一句，皆為知識分子的圓融智慧與淑世熱忱；一言一語，盡是紛乘社會的暮鼓晨鐘。

⑬① 生肖與童年

小民 著
喜樂 圖

十二生肖在每個農曆新年來臨時，都為年節的歡樂帶來一股高潮。這些可愛的動物們，為童年的生活增添了無限的趣味。本書紀錄了作者對於十二生肖的情感，和童年難忘的美好時光。加上喜樂先生細膩的插畫，讓生肖與童年的故事，一一鮮活起來。

⑬② 京都一年

林文月 著

京都是一個新舊互容的都市，有著高樓矗立及寬敞的街道，又存有古典風味的低矮木屋與不平的石板路。作者在京都的一年中，品味著這古都對文化保存、人情往來及文藝活動的諸般樣態，藉由她的生花妙筆，使讀者沈湎於京都典雅、優閒的情調。

⑬③ 山水與古典

林文月 著

山水景致，勾起了幾許文人的多愁善感；而古典文學，又蘊含著多少古人的人生情懷。本書探討著古典作品和詩人之間的關係。筆調輕鬆而不輕浮；題材古典絕不枯燥。且邀您一同進入詩人的筆墨之間，翱遊在山水作品的世界裏。

⑬④ 冬天黃昏的風笛

呂大明 著

旅居法國的作者呂大明女士，以其一貫典雅柔美的風格和精致細膩的筆觸，表達出她對生活、自然的樂觀態度。她如詩般的作品，仿如一幅幅精美瑰麗的圖畫，靜靜地訴說著對美好人生理想的浪漫情愫。

⑬⑤ 心靈的花朵

戚宜君 著

本書作者一生從事文化的傳播工作，積累數十年的工作經驗及閱讀習慣，創作出一篇篇詞美意深的勵志散文。除了用以傳達理性的知識和感性的情懷外，並深切期望本書能敲開你的心扉、溫暖你的心靈，進而耕耘你的心田，綻放出美麗的心靈花朵。

⑬⑥ 親戚

韓秀 著

人間真情不分種族國界；世間的溫暖存在每一角落。在有風有雨的日子裡，亦或在恬淡如鏡的歲月中走過，是否有如詩般美麗的故事令人難以忘懷？是否忘了去感激那些曾經陪著你、關懷你的人呢？靜下思慮，就讓韓秀的慈心慧語洗滌你久未感動的心。

⑬⑦ 清詞選講

葉嘉瑩 著

清詞之盛，號稱中興，其作者之多、流派之盛，以及其對詞集之編訂整理，對詞學之探索發揚，種種方面之成就，固已為世所共見。作者以其豐富的文學涵養，旁徵博引地賞析其所鍾愛的清詞，相信定能讓讀者流連忘返於清詞的世界中。

⑬⑧ 迦陵談詞

葉嘉瑩 著

本書為以詩詞涵養享譽國內外的葉嘉瑩教授，繼《迦陵談詩》之後又一精緻力作。從詩歌欣賞入門到分析溫韋馮李四家詞風，兼論晚唐五代時期在意境方面的拓展等，作者以其細膩的詩心，帶領讀者一起感受詞中的有情天地。

⑬⑨ 神樹

鄭義 著

曾以《老井》獲東京影展最佳編劇的作家鄭義，在因八九民運遭當局通緝而流寓異國之後，他以一個村落、一棵「神樹」，具體而微地映現當代中國的重重劫難。形象化的語言，原始潑辣的書寫，在魔幻詭麗的背後，透露出對生命與死亡的真實關懷。

⑭⓪ 琦君說童年

琦君 著

每個人都有童年，不管是苦是樂，回憶起來都是甜美的。善於說故事的琦君，與您一起分享她魂牽夢縈的故鄉與童年。篇篇真摯感人，字裡行間充滿了愛心與情義，在欣賞琦君的散文之餘，更別有一番溫馨感受，是一本老少咸宜的好作品。

⑭ 域外知音

張堂錡　著

本書作者張堂錡先生歷年來針對世界各國知名漢學家進行訪談，透過感性的筆觸，生動的文字敘述，道盡了這群域外知音漢學研究生涯的甘苦，因這一路執著不渝的採拾和耕耘，呈現繽紛絢麗的色彩，並給予中國人新的研究觀點，重新檢視自己的文化。

⑭ 遠方的戰爭

鄭寶娟　著

當地理上應該是遠方的戰爭，而我們已能同步掌握其狀況時，地球村的思維方式已不是口號，而是現實。以更宏大的視野看待這世界，以更深入的態度反省既存的觀念，將曾經事不關己的遠方納入思維，於是你會發現心可以更寬廣，生活也會更豐富。

國立中央圖書館出版品預行編目資料

人文之旅／葉海煙著.--初版.--臺北
市：三民，民85
面；　公分.--(三民叢刊；130)
ISBN 957-14-2419-6 (平裝)

1. 社會科學-論文，講詞等

507　　85004570

著作人　葉海煙
發行人　劉振強
著作財產權人　三民書局股份有限公司
臺北市復興北路三八六號
發行所　三民書局股份有限公司
地　址／臺北市復興北路三八六號
郵　撥／〇〇〇九九九八——五號
印刷所　三民書局股份有限公司
門市部　復北店／臺北市復興北路三八六號
重南店／臺北市重慶南路一段六十一號
網際網路位址　http://sanmin.com.tw
初　版　中華民國八十五年六月
編　號　S 85330
基本定價　叁　元
行政院新聞局登記證局版臺業字第〇二〇〇號

ISBN 957-14-2419-6 (平裝)